部下を育てる
「承認力」を身につける本

吉田幸弘

同文舘出版

はじめに——降格人事を経験して見えてきたもの

初めてリーダーになり、自分が先陣を切って必死になって営業していた頃、「なぜみんな思い通りに動いてくれないのだ」と、私はいつもイライラしていました。

「あれやった？　これやった？」

「なぜ、もっと新規回らないんだよ」

「目標あるだろ。気合い入れていこうぜ」

そんなある日、上司である部長に呼び出しを受けました。

上司「来月から、君は千葉エリアに異動だ。スタッフとして」

私「なぜですか」

上司「君のチームのメンバーから、君に対する苦情が届いている。黙っていたけど、君は仕事をしていないんじゃないか」

私「そんなことはありませんよ。誰よりも営業しているし、部下のチェックもきちんとしているじゃないですか」

上司「それは、管理職の仕事じゃないだろ」

私「……」

こうして私は降格人事を経験し、年俸も大幅ダウンしてしまいました。「なぜだろう。一所懸命、部下たちを叱咤激励してやってきたのに」と、自問自答を繰り返しました。家に帰ると、悔しくて涙が止まりませんでした。

しかし、いつまでも悔しがっているわけにはいきません。私は営業スタッフとして、日々営業活動に励みました。しかし、なかなか思うように成績は上がりません。

焦る日々が続く中、私は、友人がすすめてくれたセミナーに行きました。そのセミナーで、コミュニケーションは自分中心ではなく、他人中心であるということを学びました。それまで、自分本位で人の話は聞かず、話してばかりだった私には大きな発見でした。

その後、コミュニケーションに関する本を読み漁り、セミナーに出席するうちに相手の長所を引き出し、存在を認めてほめるという方法がいいということに気づきます。

そして、営業手法を変えていく中で営業成績も徐々にアップしていき、再度マネージャーに昇格しました。今度は、相手に合わせたマネジメントを行なうようにし、二度と失敗しないことを誓いました。

「承認力」の大切さ

アメリカの心理学者、マズローの欲求階層説にもありますが、人は誰でも、他人から「承認されたい」と思っています。承認されているとわかると、モチベーションが高まり能動的に動くようになります。だから、部下は絶対に承認するべきなのです。

昨今、「メンタルヘルス」「パワーハラスメント」などといった労働問題がよく話題になります。私自身現在、多くの経営者や中間管理職の方から相談を受けますが、どうも部下を認めていない方が多いようです。

「お互いを認め合う」「相手を承認する」というのは、最も大切なことです。そうすれば、部下のモチベーションも上がるし、メンタル不全の人も減ってくるはずです。

閉塞感が漂っていると言われる現代社会において、皆が認めてほしいと思っているはずです。とくに、ひとりでも部下がいる方は、この承認する力を身につけるべきでしょう。

実は、マネジメントは考え方を変えれば、そんなに難しいことではありません。「承認なんかして部下を甘やかせたら、つけ上がるだけだ」という方がいらっしゃるかもしれません。しかし、待ってください。そもそも、あなたが部下だった頃、今あなたが部下に対して期待しているくらいの行動をしていたでしょうか。まれに優秀な方で、「やっていたよ」とおっしゃる方がいるかもしれませんが、ほとんどの方は違うのではないでしょうか。また、上司から命令だけされて嫌だった、といったことはなかったでしょうか。部下が動かないのは、たいていは上司が原因です。上司より、部下のほうがよく知っていることだってあるのです。

パソコンや携帯電話、最新の情報などは、部下に聞いたほうが早いことが少なくありません。私が知っている承認力のある上司は、よく若い部下に助けられています。その結果、実績も上げています。

部下を承認して、最大限の力を発揮してもらったほうがいいとは思いませんか。この機会に、ぜひ部下を承認する力を身につけましょう。これを、本書では**「承認力」**と名づけました。

ほめ方・叱り方、言葉の使い方・しぐさなどで部下を承認する方法を、さまざまな事例を挙げながらご紹介させていただきます。

本書を通じて、メンタル不全などとは無縁の活気のある組織づくりに貢献できれば、と願っています。

吉田幸弘

部下を育てる「承認力」を身につける本

1章 承認体質をつくるための心構え

1 上司って面白い ― 12
2 承認するには部下の一番のファンになろう ― 14
3 承認ワードで受け止めよう ― 19
4 非承認ワードは手放そう ― 22
5 マニュアルでは部下は育たない ― 26
6 部下の安全基地になる ― 30
7 4番打者はいないと思おう ― 33
8 おせっかいとコミュニケーションは違う ― 36
9 完璧な上司を目指してはならない ― 40

10 承認すれば、叱れない上司から卒業できる 43
11 効果的な「アメとムシ理論」 46
12 叱るとき、ここだけは注意しておこう 50
13 熱血上司が陥りやすいワナ 54
14 メールは武器にも凶器にもなり得る 57

2章 承認体質が浸透する環境づくり

1 フラットな関係をつくり出そう 64
2 こうすれば〝報・連・相〟はどんどん上がってくる 68
3 昇格・昇給に導くことも上司の役目 72
4 指示を小さくすればリターンは大きくなる 76
5 効果抜群だった毎週キャンペーン 79
6 部下に安心感を与える3つのグッズ 82
7 失敗は歓迎しよう 85

3章 言葉で承認しよう

1 ほめベタは簡単に克服できる 90
2 ネガティブな報告を受けたら、まずすること 93
3 不要なプレッシャーをなくす言葉 98
4 ほめながら叱れる言葉を使おう 102
5 もっと考えてほしいときはこう伝えよう 106
6 賛成でも反対でもないときはこう話そう 109
7 ネガティブな言葉はこう言い換えよう 112
8 改善してほしいときに効果的な言葉 115
9 ときには第三者の力も借りよう 118
10 部下から電話を受けたときに使いたいひと言 122
11 切り出し方を変えれば、難題でも部下は積極的に引き受けてくれる 127
12 話題を変えたいときはここに注意しよう 131

4章 言葉以外でも承認しよう

1 相づちは逆効果になる場合もある 138
2 プラス効果のある座り方や姿勢 141
3 常に笑顔がいいとは限らない 144
4 声を変えると大きな効果がある 146
5 体全体で承認しよう 150
6 沈黙を有効活用しよう 153
7 承認欲求を砕くような動作に注意しよう 155

5章 チーム運営

1 上司は積極的に失敗談をさらけ出そう 160
2 インセンティブはこうすれば効果的 163

3 メンバーが積極的になれる会議の進め方 166
4 ミーティングの時間と場所はこうする 169
5 メンバー同士のこじれにはこう対応しよう 173
6 チームを機能させるナンバー2育成術 176

6章 困った部下はこう承認しよう

1 ほめるところがない部下 184
2 ミスを繰り返す部下 187
3 成績優秀で気が強い部下 191
4 言われたことしかしない部下 194
5 大きな失敗をしてしまった部下 198
6 何でも自分勝手に進めてしまう部下 202
7 後輩に当たり散らす部下 206
8 いつも陰に隠れている部下 209

9　頑張っているが結果に結びつかない部下——212
10　理屈ばかりで行動に移せない部下——215
11　年上の部下——218
12　突飛な意見ばかりを出してくる部下——222

カバーデザイン　ホリウチミホ
本文デザイン・ＤＴＰ　株式会社システムタンク

1章

承認体質をつくるための心構え

1 上司って面白い

上司は報われない仕事!?

課長やマネージャーに昇格するのは、目に見える形で会社に認められたことであり、本人にとってはうれしいものです。しかし、なかには、「責任を負いたくない」という理由から、昇格することを辞退する人もいるようです。

これはなぜでしょうか。

その理由の多くは、**「承認欲求」**が満たされず、役職がついても報われないように感じてしまう、というものだそうです。

私自身も、最初に上司になった頃は、「マネージャーなのだから」という理由で追及されることは多いうえに、部下も言うことを聞いてくれない、給料も数万円しか違わないのに報われない、まったく割に合わない仕事だと思っていました。

しかしある日、社外で受けたセミナーで、「上司として報われないと思う原因をつくっているのは自分自身だ」ということに気づかされました。

メンバーが言われたことしかしないのは、失敗したときに報われないと感じるからです。

また、報われないと感じるのは、上司が失敗したことばかり言って、挑戦したことを認めないからです。

つまり、原因は上司である自分自身なのです。

そこで、こう思ったのです。

「そうか。メンバーをもっと認めよう」と。

それからは部下を認めることで、本人のモチベーションを上げて長所を伸ばすようにしてきました。

そうすると、成長した部下から感謝されます。業績も上がるので自分の上司からも感謝されることになります。

このように、人を認めてパフォーマンスをよくするといいことづくめです。

人を育てることは、楽しい

上司とは、本当に楽しい仕事です。部下が変わっていくのを見ることは喜びです。スポーツ選手の中には引退後、指導者を志す人も少なくないそうです。人を育てる仕事は、やりがいがあるのです。

また同時に、楽しく自分自身を飛躍させることができるポジションでもあります。人間的にもキャリア的にも、自分自身を大きく成長させるチャンスと言っていいでしょう。

上司になると、「会社と部下の板挟みになりそうだ」という意見もありますが、これからお話しさせていただく「承認力」を身につければ、それもかなり軽減され、部下も気持ちよく働いてくれるようになるはずです。

2 承認するには部下の一番のファンになろう

承認には「プラスの承認」と「マイナスの承認」がある

あなたは、部下の価値観や考え方について、どれだけのことを知っているでしょうか？お客様の価値観や考え方には目を向けていても、部下にまで目を向けている人は少ないのではないでしょうか。

「承認力」を身につけるには、部下の承認欲求を満たすポイントを見つけなければなりません。

そもそも、承認には2種類あります。相手の能力や業績を称讃する「**プラスの承認**」と、和や序列を大切にし、ミスをしないことをよしとする「**マイナスの承認**」です。

従来の日本の組織や社会では、「マイナスの承認」が優先されがちでした。その結果、必要以上に周りからのバッシングを恐れて、ミスするくらいなら何もしないほうがいい、などと考える人が出てくるようになりました。

口先では、「オンリーワンを目指せ」とか「どんどん新しいことにチャレンジせよ」と言いながら、実は逆のマネジメントを行なっているのです。

本書では、主に「プラスの承認」の力を高めることを目的とします。

「部下ノート」で自分の部下にくわしくなろう

ただ、「プラスの承認」と言っても、なかなか部下を承認するポイントが見つからないのが実情でしょう。

そのためにも、部下のことをよく知る必要があります。部下のマーケティングをする必要があるのです。究極的には、部下の一番のファンを目指すのです。そのためには、彼らの価値観や、得手不得手、好み、趣味などを知っておくのです。ただ注意したいことは、一番のファンになると言っても、部下と仲よくなるために媚びへつらうわけではありません。

「部下の承認のポイントを見つけること」が、最大の目的です。

そのためには、普段から部下とコミュニケーションを取る中で気づいた情報を、「部下ノート」にまとめておきましょう（次ページ参照）。

気づいたときにメモしていくことで、部下の内面に関する情報が集まっていき、「プラスの承認」をするツボが浮かび上がってくるのです。

この部下ノートを使った承認のポイントとして、把握しておきたいのは次の3点です。

①日々の不安

部下が、日々不安に思っていることがあれば、それを解決する方向に導いていかなければなりません。部下が、どのようなときに不安になるかを把握しておくことで、緊張をほぐす言葉をかける、などそれを防止する承認のポイントを伝えることができます。

②得手不得手

部下が関わったプロジェクトや日々の業務の中で、上司が部下の得手不得手を把握しておくことは大切です。とくに、不得意なものは放っておくと、ミスをしないように挑戦しない、という「マイナスの承認」になりがちです。そうならないためにも、部下が不得意

部下ノートの例

A君

1　この仕事を選んだ動機

→企画書作成などのクリエイティブな仕事をしたい(以前の営業は企画を提案するというより、数多く訪問することを重視する傾向があった)
チームワークを大切にしたい(以前の仕事は個々のものであり、それぞれのつながりを感じられなかった)

2　相手が大切にしているもの

→周囲との人間関係
オフの日はスポーツをしたり、オンとオフをしっかり分けたい

3　夢、目標　→チームの他のメンバーに感謝されたい
他の人に安心感を与えたい
将来はマーケティング・販促のチームに異動したい

4　日々の不安　→周囲を気にしすぎる
必要以上にお客様に気を遣い、クロージングがうまくできない
以前、別の職場にいた頃、上司にひどくどなられた経験があり、必要以上に相手の顔色をうかがう
こちらの表情が少し強張っているだけで、必要以上に緊張する

5　得意なこと　→商品の概要をうまく引き出した販促資料の作成
不得意なこと　→うまく自己主張できない
お客様の前や会議などでアピールすることが苦手
相手にどう思われるかを、必要以上に気にしてしまう

6　趣味　→フットサル、マラソン(完走の経験が2度あり)

7　喜んでいたこと　→自分で作成した企画書をチームの仲間が使って、新規大型顧客を受注し、感謝された
新商品を売り出すための販促資料のつくり方を、別の部門の課長からヒアリングされた
怒っていたこと　→あまり怒ることはないが、トップセールスマンのB君を自分勝手だと言って怒っていたことがある
協調性のない人を嫌う
やっつけ仕事を嫌うため、期限が短い仕事を嫌う

チームのメンバーごとに1ページずつ、普段の会話などで気づいたときに気づいたことを書き込む。項目は上記のこと以外でも何でもよい。

分野で成功したときは「プラスの承認」をタイムリーに行ない、落ち込んでいるときは、「プラスの承認」をいつもより多めに行なうのです。

要は、部下を見てあげて、こまめに声をかけるのです。

③どんなときに喜んでいたか、怒っていたか

部下ノートの例で出てくるAさんの場合は、企画書や販促資料を作成するのが得意であり、何より喜ぶのは、他の人の役に立つことができたときです。一方、彼は協調性のない人や、とりあえずのやっつけ仕事を嫌うのです。

これらを書き留めておくことで、プラスの承認をするポイントを把握しやすくなります。

相手のことを知らなくても、弱みや短所はすぐに目につきます。しかし、部下の強み・長所を見つけてプラスの承認をするには、相手のことをよく知っておかなければなりません。

そのためにも、上司自身が〝部下の一番のファン〟になるのです。「プラスの承認」を意識して実行していくためにも部下ノートを作成しましょう。

3 承認ワードで受け止めよう

「承認ワード」を意識する

承認力を身につける心構えとして、まず**「承認ワード」**で部下の話を受け止める訓練からしていきましょう。

部下の発言を、「承認ワード」で受け止めるクセをつけるのです。

そもそも人間には、つい相手の悪い所に目が行ってしまって、それを非難したり、嫌悪してしまうところがあります。上司と部下の関係となると、よりその傾向は強くなり、「上司は部下に注意するもの」という意識で、部下を否定をしてしまう上司が少なくありません。

そうならないためにも、普段から承認ワードで意識して受け止めるようにしましょう。「承認ワード」とは、たとえば次のような言葉です。決して難しい言葉ではないので、慣れてくれれば自然にできるようになるでしょう。

受け止め言葉

「確かに」「そうなんだ」「なるほど」

相手の話したことに納得できなくても、まずは受け止める。これらの受け止め言葉を使うだけで、部下は「聞いてくれた」と思い、承認欲求が満たされることになります。

私にコーチングの相談に来られる方の中には、仕事でもプライベートでも相当の悩みを抱えていて、とりえあえず解決策は要らないから、不満を聞いてほしいという人もいらっしゃいます。

そんなときは、ただひたすら相手を受け止めます。アドバイスを一切しないこともあります。それでも、クライアントは納得してお帰りになり、さらに連絡が来てまたお会いすることもあります。繰り返しお話をしに来られるので、クライアントも満足していただいているのでしょう。

上司と部下の関係もこれに似ています。部下は、聞いてもらえるだけで満足するのです。部下の話に対して、即座に否定することだけは避けましょう。

話を促進する言葉

「それをもっと話してもらえる？」「くわしく教えてくれるかな？」「それでそれで？」

これらは、相手に興味があるということを暗に伝える「質問」であり、「もっと話して」という、話を促進する言葉です。これらの言葉を使うことで、部下の承認欲求も確実に満たされます。

とくに、部下が話している途中に相づちとして入れるといいでしょう。部下が話すことに対して、「なぜ」「どうして」「そうかな」などと言ってしまうと話が止まり、尋問口調になってしまいますが、この促進する言葉なら部下の承認欲求を否定することもないでしょう。

真逆の意見を受け止める言葉

「そんな考え方もあるね」「そうくるか」「面白いね」「驚いたね」

部下の意見が、明らかに自分と違っていても、また正反対の意見であっても、いったんは受け止めます。その結果、部下からすると、「話を聞いてもらっている」「話を肯定してもらっている」と、承認欲求が満たされることになり、また意見を出してみようと積極的になります。

これは、私の上司が使っていた言葉で、即座に否定されることがないため、意見を認めてもらったと、承認欲求が満たされます。

4 非承認ワードは手放そう

部下のやる気をくじく「非承認ワード」

相手の承認欲求を満たす承認ワードを意識して使っていくとともに、非承認ワードを手放すことも意識してみましょう。

自分では気づいていないかもしれませんが、つい使ってしまう〝承認を砕く言葉〟があります。私も、初めて上司になった頃は頻繁に使ってしまっていましたが、意識して直すようにしました。

私は「非承認ワード」と呼んでいますが、これらの言葉を使うと、マイナスの承認が作用し、部下は「言ってもしかたがない」「怒られるくらいなら、何も言わないでおこう」

と積極性を失ってしまいます。

「部下から意見が上がってこない、積極的に動いてくれない」と嘆く上司は、たいていこのような言葉を使っています。この機会に、非承認ワードは手放してしまいましょう。

非承認ワードは、これから挙げる4種類です。

3Dワード――「でも(Demo)」「どうせ(Douse)」「だからさあ(Dakarasaa)」

「でも、前例がないよね」「どうせ、やっても無駄だよ」「だからさあ、ルールで決まっていてできないんだよ」「どうせ君にはわからないだろうけど」

あなたは、これらの言葉を発していないでしょうか？

これらの言葉はクセになります。このような否定語は、意識して使わないようにしましょう。確かに、そのまま却下したくなる意見もあるかもしれません。そんなときでも、まずは受け止めるようにしましょう。それから質問をするなど、こちらの意見を述べればいいのです。

断定的な言葉――「そんなはずはない」「絶対に」「君は間違っている」

私たちは、自分がこれまで体験したことや経験したこと、あるいは聞いて知っていることなど、いわば自分の中に蓄積されたデータベースを通して話を聞こうとします。経験や知識など、自分の中にあるさまざまな情報と照らし合わせてしまうため、当然部下より経験のある上司は、「それは違うよ」と思うことも少なくないでしょう。しかし、まずは「そんな考え方もあったか」「なるほどね」と受け止めるようにしましょう。いったん受け止めることで、部下も承認欲求が満たされます。

「わからない」だけを伝える言葉——「はあ？」「言っていることがまったくわからない」「何が言いたいのかまったくわからない」

相手の話の内容がわからないとき、つい出てしまう「はあ？」という言葉があります。私も新入社員だった頃、説明がうまくできず、上司にこの言葉を何度も言われたことがあります。確かに、説明の稚拙な部下はいるでしょう。しかし、そのまま「何を言っているかわからない」と言ってしまうと、やはりマイナスの承認が作用してしまうことになります。

この場合、「○○の部分がわからないから、もう一度説明してくれないか」というように、話の内容を上司が分解するべきです。これも上司の役割といえます。

ただそうは言っても、部下の言っている意味がほとんど理解不能という場合もあるかと思います。そんなときは、「わからないから、もう一度説明してくれないか」と伝え、再度話してもらいます。そのうえで、まだわからない部分があったら、「ちょっとそこの部分、教えてもらっていいかな」と話を止めて聞くのです。

「傾聴」など「聞く技術」に関する本には、よく「最後まで相手の話を聞く」とあります。途中で相手の話を遮るのはよくないと書かれています。

確かにそうかもしれません。途中で相手の話を遮って、相手の話を奪うことはよくありません。しかし、この場合は知らないことをはっきりさせるためなので、止めてもいいのです。

「ちょっと待って」という言葉が、部下の承認欲求を砕かずにすみます。さらに、**「教えてもらえるかな」**という言葉が部下の承認欲求を満たします。この上司は私の話を聞いてくれるのだなと思うのです。

話を遮って、「どうなっているんだ」と言うのを「教えてくれないか」という言い方にするだけで、内容はほとんど変わりませんが、伝わり方は大きく変わるのです。

いきなり反対意見を述べる――「〜ていうか」

この言葉は、相手の話の内容に納得できない場合に使います。言葉のニュアンスは、「〜というより、むしろ〜のほうがいい」というものです。

相手の意見に異を唱えて、自分の意見を言うときに使う人が多いのですが、言われたほうは承認欲求を砕かれてしまうことになるため、安易にこの言葉を使うべきではありません。「確かにね」「そうだね」と、いったん受け止め言葉を使ってから、「私が思うには」と反対意見を述べるのがいいでしょう。

5 マニュアルでは部下は育たない

マニュアルのメリット、デメリット

マニュアルは、メンバーのレベルを一定以上に保つという意味で大切です。マニュアルの存在によって、サービス品質を一定レベルに保つことができます。そんな便利なマニュアルですが、使い方しだいでは、「マイナスの承認」になってしまう可能性があります。

そこで、マニュアルを運用するにあたって、注意すべき点を挙げていきます。

マニュアルの理解度を伝える

マニュアルに関して、最初に研修等で指導したままの状態にしている上司がいます。ベテランならまだしも、一定のレベルまで業務遂行力が達していない部下に対しては、「ここはできるようになった」「この部分はできているけど、この部分はもう少しかな」と、見ていることを伝えるべきです。

できるようになった部分を承認すれば部下のモチベーションは上がるし、逆に常に見ていることを伝えることで、部下に一種の緊張感を持たせることができます。

マニュアルに固執しない

本来、マニュアルは業務を効率的にするものであるのに、守ることだけを徹底しようと、その目的をはき違えている上司もいます。

確かに、マニュアルは守るべきものです。しかし、時と場合によっては、マニュアルを超えて何かをするべきことがあります。上司は、この部分の見極めができなければなりません。

マニュアルにないこと、規定にそぐわないことでも、状況によってはしなければならないときもあるのです。

そのような状況で部下が意見してきたとき、部下の意見を聞き入れることなく、ただ「マニュアルを守れ」と言うのでは、それは「マイナスの承認」になってしまいます。

「マイナスの承認」をすると、「どうせ怒られるなら最低限のことだけやっていればいい」と考える「必要以上のことをしない受け身の社員」が出てきます。そうならないようにするためにも、マニュアルには固執しないことが大切です。

ただ、そうは言っても権限の問題で中間管理職では何もできない場合があります。したがって、「マイナスの承認」を蔓延させないために次のことをやっておくようにしましょう。

・常日頃から、マニュアルの弾力的な改訂を自分の上司にも提案しておく
・部下がマニュアルにないことをしたいと言ってきた場合、状況を判断して、いいものであれば、いったんは受け止める

自分の提案が通らなくても、直属の上司がいったん受け止めてくれると、それは、部下にとっては「プラスの承認」になります。上司の中には、「できるかもしれないが、きっと会社には受け入れられない」と言って、部下の提案を即座に否定してしまう人もいます。これでは「マイナスの承認」になってしまいます。何でもかんでも上申しろということではありませんが、いい案件はどんどん上層部にも提案を上げていくべきです。

マニュアルは細かいところまでは規定しない

時代の変化とともに、マニュアルも改訂する必要が出てきます。いつまでも同じ対応では、時代の流れについていくことはできないし、マニュアルを不変的にすることで弊害も出かねません。

したがって、細かく規定しすぎず、部下に裁量を持たせるべきなのです。**部下にプラスの承認をし、部下が、「自ら能動的に仕事をしている」という意識を持たせる**のです。

「自分自身で選んでやらせてもらえる」という「プラスの承認」は、働く人の生産性を高めます。自分の意見を通してもらえるとモチベーションも上がり、仕事も能動的になります。そのうえ、この「プラスの承認」は、部下が自主的になることで成長のスピードを高めるという効果も期待できるのです。

6 部下の安全基地になる

意識的に「プラスの承認」をしよう

人は、どんなときでも、そこに帰ると安全だと思える場所があるからこそ頑張れるという、心理学上「安全基地」と呼ばれる考え方があります。とくに営業職などでは、この「安全基地」の考え方が重要になってきます。

かつて、私が営業マネージャーをしていた会社は、朝から晩まで飛び込み営業をしていました。外資系企業で日本に事業所を設立したばかりということもありましたが、これはメンバーにとってはハードだったと思います。

お客さまにとって必需品であっても、新規の営業は好かれません。場合によっては罵声を浴びることもあるでしょう。理不尽な取引を持ちかけられることもあります。女性の営業担当の中には、泣いて帰ってくるメンバーもいます。もちろん、いいお客様と出会うことができたり、楽しいこともありますが、辛いできごとは日常茶飯事です。

そんな辛い思いを乗り越えられるのも仲間がいるから、認めてくれる上司がいるからです。

メンバーは、上司がいつでも自分が帰れる場所を用意してくれていると思えるからこそ、頑張ることができるのです。だからこそ、「プラスの承認」が必要なのです。

営業や販売の仕事で、お客さんに怒られ、なじられ、その後さらに上司に否定されたのでは、心が折れてしまいます。

確かに、叱る必要がある場合は叱らなければなりません。しかし普段は、意識的に「プラスの承認」をするべきです。

とくに、営業は否定されることが多いので、承認欲求を砕かれることが多いものです。仕事や、会社のことを否定されているにもかかわらず、自分自身が否定されているかのように感じてしまいます。そんな状態の部下が営業から帰って来て、上司が何も話さなかったり、怒ってばかりだと、ネガティブのスパイラルに陥ることになります。

部下が安心する3つの「プラスの承認」

部下を無理にほめる必要はありませんが、具体的に次の3つの「プラスの承認」を行なうようにしましょう。これだけでもかなり効果があります。

①外出先から帰ってきた部下には、名前を呼んで声をかける

名前を呼んで「お疲れ様」とねぎらうだけでも、「プラスの承認」につながります。ちょっとした声かけだけでもメンバーは救われるのです。

人は、自分の名前を呼ばれるだけで、存在を承認してもらっている、と安心するからです。

②笑顔で迎える

笑顔は、それだけで相手の「承認欲求」を満たします。

上司に笑顔で話しかけられると、それだけで上司が思っている以上に部下は、「プラスの承認」を感じます。仕事中はしかめっ面になってしまいがちですが、部下を迎えるときは意識して笑顔にしましょう。

③手を止めて話を聞く

部下が話をしたそうな雰囲気の場合、手を止めて話を聞くようにしましょう。「聞くよ」と言いながら、体は別の方向を向いていたり腕組みをしていると、「早く終わらせてほしいと思っているのではないか」と部下は感じてしまいます。

余談になりますが、腕組みと同じように手を組むこともやめたほうがいいでしょう。相手に緊張感を与えるからです。

7 4番打者はいないと思おう

高いレベルは当たり前ではない

自分がプレイヤーだった頃、トップレベルの成績を上げていた人が部下を持ったときに陥りがちなのが、「4番打者症候群」でした。

「自分が優秀であったがゆえに、部下に対して高いレベルを要求してしまう」というものです。そもそも、彼ら（彼女ら）はすばらしい実績を上げてきたからこそ昇進したのであり、元々高い能力を持っていて意識も高いのです。

そのような人からしてみると、高いレベルが当たり前と思い込み、そこまで到達していないメンバーを承認できなくなってしまいます。つまり、自分のような4番打者でないと承認できなくなってしまうのです。

しかし、なかなか4番打者のような万能選手は出てきません。営業でいえば、売上げも上げる、新規顧客の獲得件数も多い、プレゼン資料づくりもうまい、顧客分析もしっかりできる、といった万能選手はなかなかいないものです。

4番打者症候群予防のポイント

そのような4番打者症候群に陥らないためには、次のポイントでプラスの承認をするといいでしょう。

①小さなことでもいいので、各々の強みを意識的に探して承認する

人には、誰にでも一長一短があります。逆を言うと、各々がある分野で抜きん出ているということです。営業の部門で言うと、新規顧客のクロージングは苦手だが、データの分析力は非常に優れている。プレゼン資料づくりは苦手だが、初めて会う人と打ち解けるのがうまい。あるいは、誰よりも訪問件数が多いなど、どんなことでもいいのです。部下の長所を意識的に見つけるのです。もし見つからなければ、前月の数字より上がっている部分を見つけるだけでもいいのです。

その長所を承認しながら、短所を少し克服させる、あるいは他の人の力でカバーをする——このようにマネジメントしていきましょう。

②他のメンバーにも見える形で、非公式のプロジェクトリーダーにして承認欲求を満たす

私のかつての部下である石井君は、入社して数ヶ月間、営業成績は未達成でした。チームの足を引っ張っていると言って、彼はみるみる自信をなくしていきました。

しかし、彼は誰よりもパワーポイントが得意で、資料づくりについてはすばらしい才能がありました。メンバーの誰もがそう思っていて、彼には一目置いていました。しかし、営業は数字で見られるため、彼本人が「資料づくりは得意だが、そんなことは誇れるものではない」と思っていたのです。

そこで私は、彼をチーム内の提案書資料作成のリーダーにしたのです。すると、彼は俄然イキイキしはじめました。他のメンバーは、彼にいろいろと教えを請いに来ます。人は誰しも、教えを請われるとうれしいものです。誰かに聞かれるということが、自分は皆から承認されているのだという自信にもなります。

自信がつくと、物事は好転するものです。彼は交渉もうまくなり、目標も達成できるようになったのです。その後は、資料作成のうまさを買われて、マーケティング部門の責任者に昇進していきました。

もし、私が彼のプレゼン資料のうまさは付属物にすぎないと思って承認せず、彼の営業

成績だけに着目して叱咤激励を続けていたら、彼を潰していたことでしょう。

このように、すべてにおいて完璧な4番打者はいないと思うようにしましょう。上司であるあなたは、優秀で何でもできるかもしれません。だからこそ、上司になれたのです。ですから、完璧を求めてイライラしてはなりません。

イライラしそうになったら、年次が浅く、できなかった頃の自分自身を思い出すようにして下さい。そして、意識的にプラスの承認をしていくようにしましょう。

8 おせっかいとコミュニケーションは違う

一方的な押しつけは「マイナスの承認」

おせっかいとは一方的な押しつけであり、部下の成長など考えていない、一方的な命令とも言えます。上司は方向性を示して、部下のために指示する必要がありますが、一方的な「押しつけ」になっては元も子もありません。

これは私自身もそうでしたが、必要以上に部下を指導しようとしすぎるあまり、上司になりたての人がやってしまいがちなことです。

あまりにも細かいことまで口を出しすぎる結果、どうせすべて言われた通りにしかできないのだから、指示のあったことしかしない、と思わせる「マイナスの承認」をしてしまうことになるのです。


ここで、私が初めて部下を持ったときのお話をします。

藤山君は、新卒で右も左もわからない営業マンでした。「上司は、部下に厳しく接しなければならない」と教わってきた私は、彼に厳しく接しました。部下のために、と思って、日々の行動チェックも欠かしませんでした。朝、昼、夕方と、1日3回もチェックをし、何かあると厳しく叱責していました。

そのうち彼は、「すみません」ばかりを言うようになり、やがて何も言わなくなりました。彼は体育会出身なので、粘り強かったのですが、それでも半年もたたないうちに退職を申し出てきました。

しかもショックだったことは、「吉田さんは、何も教えてくれない」と、退職面談で人事部に言っていたことです。

あれほど、毎日行動をチェックして指示をしていたのに、彼は何ということを言うんだと、当時は憤りを感じたものです。しかし今ならわかります。私がやっていたことはただのおせっかいであり、コミュニケーションではなかったのです。まさに「マイナスの承認」です。

おまけに、私は厳しく指導すればいいとだけ考えていて、彼を成長させることを本気で思っていたとは言えません。育成計画すら立てていませんでした。

コミュニケーションは部下のためのもの

確かに、新人は上司から見たらできていないことだらけです。だからといって、詰問や注意ばかりをされ続けたら、どうしていいかわからなくなってしまうでしょう。

それより、指示を出したら、できるようになったらきちんと承認をする。そのうえで、できていないところの改善を促す。部下の成長を見ることも、上司の重要な仕事です。

誰しも、認めてもらえるとモチベーションが上がります。意欲的に改善にも取り組むようになるため、成長のスピードはより早くなります。

また、指示の出しすぎには注意が必要です。

指示は最小限にして自分で考えさせる。必要以上に指示を出しすぎると「マイナスの承認」が作用し、どうせ怒られるのなら言われることだけやればいい、と思って、成長が鈍化してしまいます。

コミュニケーションとは、双方向で初めて成立するものです。リーダーは、ここを履き違えてはなりません。コミュニケーションは、部下のためのものなのです。

“おせっかい”にならないようにするためには

おせっかいにならないようにするためには、次の3点を心がけるようにしましょう。

①指示は大枠に留め、細かい部分にまで口を出しすぎない

指示を出しすぎると「マイナスの承認」になる可能性があります。さらには、部下が自分で考えなくなってしまいます。

②「できている部分」や成長は認める

このように部下を承認するようにしていけば、おせっかいではなく「真のコミュニケーション」ができるようになります。

③主役は「私」ではなく、「部下」ということを常に意識する

何をするにしても、これは本当に部下のためになるのかを、一度立ち止まって考えるようにしましょう。

9 完璧な上司を目指してはならない

上司と部下は上下関係ではない

上司になったとたん、「自分自身が偉くなった」と勘違いする人がいます。昇進したら急に、「俺はマネージャーだ。偉いんだから言うことを聞け」と、豹変してしまった上司を見たことがある方もいらっしゃるのではないでしょうか。

私も、初めて部下を持ったときはこのような〝勘違い上司〟でした。

営業チームには、前線で商品を売る営業マンという職種もあれば、その営業マンをバックアップする営業事務という職種もあります。上司と部下の関係も同じなのです。マネジメントという役割を担っているのが上司なのです。**上司だからといって、人間と**

しての格が上がるわけではないのです。

しかし、多くの上司は「自分が偉くなった」と勘違いしてしまいます。だからこそ、誤解が生まれるのです。

「上司は、部下よりもすべての面で上回っていなくてはならない」

そうならないように、上司と部下は「上下関係」ではなく、「役割が違う」のだと認識してください。そう思えば、部下との関わり方も変わるはずです。

部下のほうが得意なこともある、と認める

ここで、ひとつ事例をご紹介します。

私のところに、コーチングを受けに来られた伊藤さんは、メーカーの営業課長で12名の部下を率いていました。

「部下に相談するわけにはいかない。そんなことをしたら、部下になめられる。上司はすべての面において、部下よりも優れていなければならない」と考えていました。

しかし、本当にそうでしょうか？　上司にだって部下にだって、それぞれ、得手不得手があります。部下が上司より、ある分野ではくわしいということはよくあることです。そ

んなときでも、上司は部下に聞いてはならないのでしょうか?

そんなことはありません。部下のほうがよく知っていることなら、あえて相談してみましょう。むしろ、「君にだから相談するけど」と言えば、それを受けた側の部下は「認めてもらっているのだな」と承認欲求が満たされ、モチベーションも上がるのではないでしょうか。

そもそも、上司と部下は仕事の役割が違うのです。当然、部下のほうが上司よりもくわしくて得意な部分があります。自分では分からないことは、恥ずかしがらずに部下に相談してみましょう。

人は相談されると、承認欲求が満たされます。上司であるあなたも、部下から相談されると「俺のことを頼ってくれているんだな」と承認欲求が満たされないでしょうか。これと同じです。

上司は、つい完璧を求めてしまいがちです。完璧を求めてしまうと、周囲のことも認められなくなってしまいます。部下に相談することも、承認のひとつなのです。

部下のほうができることは認める。そう思って肩肘を張ることをやめると、精神的にもメリットがあります。

10 承認すれば、叱れない上司から卒業できる

信頼関係を構築してから、叱るときには叱る

最近、「叱れない上司」が増えていると言います。本書では、「承認」することの重要性を説いているし、むやみに叱ることはよくありません。

しかし、ときに上司は部下を叱らなければなりません。叱ることで、部下も成長するからです。

私のコーチングセッションに来られた管理職の方の中にも、部下を叱れないという方が何名かいらっしゃいました。

聞くところによると、以前思い切り叱った部下から反発を受けたことがある、といったことが、叱れなくなった要因のようです。

確かに、叱り方によっては部下の承認欲求を砕き、反発を招くことがあります。

「何も、あんな言い方をしなくたっていいじゃないか」

「自分で言っておいて、課長だってできるのかよ」

このように考えると、「マイナスの承認」が作用し、叱られるなら何もしないほうがいいと思ったり、失敗を隠すようになってしまいます。

さらには、私が部下だった頃に経験したのですが、「叱られ続けると、何も新しいことができなくなってしまう」場合があります。

当時、私はマニュアルと少し違うことをするだけで、大きな不安を持つようになっていました。そのため、失敗しないように無難なことしかしませんでした。

マニュアルを徹底する上司の下で、「例外は一切認めない」と言われ、受動的になっていたのです。

少しでもマニュアルと違うことをすると、上司から叱られます。叱られ続けると、マイナスの承認を感じます。その結果、「叱られるくらいなら無難なことだけしておけばいいや」、となってしまったのです。

部下のよいところはほめ、成績の良し悪しに関係なく、部下をひとりの人間として承認し、頑張りに対しては言葉をかける。そうやって、信頼関係を十分に構築したうえで、叱る必要があるときは叱る。そうすれば、叱ったときの効果も倍増します。

「承認」をつけ加えると効果的に叱れる

ここで、私が29歳のときに接した部下とのエピソードをお話しします。

私は、当時の部下だった西山君の存在を認めず、叱り続けていました。強みもあり、成長も見られたのですが、そこにフォーカスすることなく、弱みばかりにフォーカスして叱り続けました。

その結果、西山君は承認欲求を砕かれ、私の粗探しをするようになりました。上司経験の浅い未熟な私には、当然弱点がいろいろとありました。彼は、周辺部署に私の悪口をどんどん広め、その結果、社内中に私の悪評が広まったのです。

それ以来、私は叱る前に、まずは相手をひとりの人間として承認することからはじめ、人間関係・信頼関係が構築されていない段階では、相手の自己重要感を傷つけないように注意しながら、部下を叱るのではなく、**先にプラスの承認をしてから提案する**という形をとったのです。

「こうしたらもっといいのではないかな」「こういうやり方もあるよ」というようにです。提案なら、部下も受け入れてくれるようになります。しかも、その前にプラスの承認をしているので、前向きにとらえてもらうことができます。

たとえば、「柳田君には、次期リーダー候補として若手を引っ張ってもらわないと困るのだから、新規獲得キャンペーンに対してもっと貪欲になってほしい。忙しいのは分かるが、毎日新規訪問に費やす時間を取れないかな」というように、本人を頼りにしている、とプラスの承認を示したうえで叱ることは有効です。

叱られても、「上司は、私のことを必要としている」と承認欲求は満たされているので、積極的に改善しようとするでしょう。

日々、プラスの承認を積極的に示す。または、叱る前にプラスの承認の言葉も伝えておくようにしましょう。

11 効果的な「アメとムシ理論」

叱られ続けると、モチベーションが下がる

普通に働いていると、どうしても叱ることのほうが増えてしまいます。なぜなら、人は相手の強みよりも弱みのほうに目が行きやすいからです。したがって、叱る量はほめる量

よりも多くなりがちです。

確かに、叱らなければならないときはあります。上司の仕事の中には、正しい道に導くために「叱る」ということもあるからです。ところが、ずっと叱られ続けていると部下は、「この上司は、うるさいから聞き流そう」とか「怒られたくないから、最低限のことだけをやっておけばいいや」という「マイナスの承認」が作用するのです。

私のコンサルティングのクライアントである板倉さんは、部下の仕事のすべてを細かくチェックしていました。経験の浅い部下も多く、板倉さんはいつも叱り続けていました。些細なことでも叱るため、部下は「失敗して叱られるなら、何もしないほうがいい」と思うようになってしまったのです。

叱っていても、承認する部分は承認する、としておけばモチベーションは上がります。それに「こうすれば承認してもらえる」という例を、自分で把握することができます。ところが、ずっと叱られていたら、何が正しいのか分からなくなってしまいます。

叱ると同時に、できている部分はほめよう

叱り方は〝報・連・相〟にも影響します。

板倉さんのチームは、報・連・相は上がって来ますが、現場で起こっている悪い情報はまったく上がって来ないようになりました。また、メンタル不全の部下や退職者が出るなど、チーム状態も悪化しているようでした。

そこで私はあるとき、板倉さんの会社のミーティングに出席することにしました。メンバーが、板倉さんを恐れていることはすぐにわかりました。板倉さんは、ミーティングでは細かいことをいろいろと叱責し続けていました。そこで、私は板倉さんに、叱ると同時に、できている部分は認めていると伝えるべきと話しました。

私はかつて、非常に細かくて厳しい上司の下で働いたことがありますが、細かいことを言われすぎて、どこから直したらいいのかわからなくなったことがあります。

これは、メンタルの問題というよりも「どこを直していいのかわからない」ということです。おまけに、叱られてばかりなので、承認欲求も砕かれてしまいます。一度にたくさんのことを言ってしまうと、部下を混乱させてしまい、部下は「やったほうがいいこと」よりも「叱られないようにすること」を優先させるようになります。

信頼関係の浅いメンバーには「アメとムシ」

そこで出てくるのが、承認する「アメ」と、重要性の低いことは叱らず「無視」する「**アメとムシ理論**」です。経験が浅くて打たれ弱いメンバー、上司と部下としての信頼関係がまだ築くことができないメンバーには効果的です。

ただ、叱らなければならないときは、もちろんきちんと叱るようにします。

先ほども述べましたが、小さなことを言われ続けると、「言われないように無難なことだけやればいいや」という「マイナスの承認」になる可能性があります。

日頃からこの〝アメとムシ理論〟を使っていると、いざ叱ったときに普段は叱らない上司に叱られた、と部下にインパクトを与えることができます。「○○さんを怒らせてしまった」と思い、反省するのです。

逆に、いつも叱り続けていると、「○○の野郎、うるさいな。聞き流しておけ」となるのです。

叱るのはピンポイントの部分できちんと行ない、普段は承認するところ探しをします。そもそも叱るのとは逆で、承認するポイントは意識的に探さなければ見つかりません。こうすれば、叱ったときの効果は絶大になります。

なお、叱る場合は「プラスの承認」とセットにするとさらにいいでしょう。

12 叱るとき、ここだけは注意しておこう

叱る前に一度冷静になる

「部下を承認すれば、叱ることができる」というのは、前項で述べた通りですが、重要になってくるのはその叱り方です。

叱り方は、ひとつ間違えるととんでもないことになります。営業成績が芳しくないとき、チームの状態が悪いとき、機嫌が悪いとき、感情にまかせて怒ってしまった、という経験は誰にでもあるでしょう。私にも経験があります。

感情にまかせて叱るのは「怒る」であり、部下の承認欲求を砕くことになります。そこで、叱るときは、叱る側である**自分自身の感情を落ち着かせて、冷静な状態にしておく必要があります**。

ここで、怒りを鎮めるのに私がやっていた方法を2つご紹介します。

①腹が立ったら、深呼吸して10秒数える
②怒りをその場で紙に書き、紙に怒りを注入することで鎮める

今からは想像できないと言われますが、私は若い頃、瞬間湯沸かし器と呼ばれるくらい短気でした。叱った後、「あのときは感情にまかせて言いすぎた。失敗した」と後悔したことは数え切れません。

しかし、この２つの方法を実行するようにしてからは、部下を叱る前に冷静になれるようになりました。マイナスの承認にならないようにするためにも、常に沈着冷静でいましょう。

叱り方の４大ポイント

これに加えて、叱るときに気をつけておきたい要素を挙げておきます。

①相手の存在を否定するような叱り方をしない

この叱り方は、人間の「承認欲求」を打ち砕くことにつながるため、絶対にしてはなりません。またこれは、上司が怒りにまかせてついやってしまいがちです。たとえば、「だからお前は、何をやってもダメなんだ」「君は、この会社にいる価値はない」などです。

前にも書きましたが、これをされると部下に「マイナスの承認」が作用し、「怒られるくらいなら、無難なことだけやっておけばいい」「怒られるくらいなら、何もしないほうがいい」と思うようになってしまうのです。

②改善提案を出して叱る

「自分で考えろ」が口癖で、まったく改善提案をしない上司もいます。確かに、部下には考えさせるようにしなければなりません。しかし、部下がすべてをひとりで考えてできるなら、そもそも上司は必要ありません。叱るときは、「どのようにすれば、よくなるのか」という改善提案を一緒につけ加えましょう。

③叱るポイントはひとつだけにする

数多くいろいろと指摘をすると、いったい何が重要なのかがぼやけてしまいます。また、たくさん叱られると、混乱するだけでなく部下の承認欲求も砕かれることになります。

叱られた内容よりも叱られたことだけが残り、「直そう」ではなく「叱られないようにしよう」が先行するようになってしまうのです。その結果、マイナスの承認が働き、無難なことだけやっておこうとなるのです。

私は、研修先でロールプレイングをする場合にもよく言っていますが、**叱るポイントは一番修正してほしいポイントひとつだけ**にするべきです。たくさん指摘すると、どこから直したらいいか分からなくなってしまうからです。どうしても伝えたいポイントが複数あるときは、複数伝えた後で、「今はここを直してほしい」とはっきり伝えるようにしましょう。

④人前で叱らない

人前で叱られると、「恥をかかされた」という思いが強くなってしまいます。「叱られた内容」よりも、屈辱感が頭に残ってしまうからです、叱るときは、他の人の見ていないところで叱るべきです。そうすると部下も、「自分のことを承認してくれている上司に対して、本当に申し訳ないことをした」と、より反省の気持ちが深まるのです。

13 熱血上司が陥りやすいワナ

熱血すぎて空回りしては意味がない

上司になる人は、部下時代に優秀な成績を上げてきた人です。仕事に対して熱心な、〝熱血漢タイプ〟の人も多いでしょう。上司には、目標に対する達成責任もあるため、熱血上司にならざるを得ない場合もあります。しかし、熱血になりすぎて空回りしてしまったのでは、元も子もありません。

私も、熱血上司になって冷静さを失い、数々の失敗を重ねてきました。そもそも熱血上司は、仕事のやる気も会社への忠誠度も高いものです。

やる気があるからこそ、熱血に行動するのです。ただ、「やり方がズレている」「部下への伝え方がわからない」だけなのです。

とにかく、熱血上司は自分が誰よりも頑張る分、誰に対しても高いレベルを求めます。上司になるくらいなので、本人の能力も高いからです。その分、部下に対しても高い能力を求めてしまうのです。部下のパフォーマンスに納得しない場合は、どんどん指示を出し続けます。

一方、指示を出され続けると、部下は「指示待ち族」になります。さらには否定されると、「怒られるなら、何もしないほうがいい」「言われたことだけをやっておけばいい」というマイナスの承認が作用してしまう場合もあります。これが〝熱血上司が陥るワナ〟なのです。

ワナに陥らないようにするには

そうならないようにするためには、次の点を意識するようにしましょう。

①部下のわずかな成長でも見逃さず、言葉にして承認する

部下の仕事において、少しでもレベルアップしている部分があれば、その部分を承認しましょう。

熱血上司は、自分が思うレベルに達していないと部下を認めません。確かに、「このレベルまで到達していないと、ほめるに値しない」という意見があるかもしれません。

「小さなレベルの伸びをほめたって、調子に乗るだけだ」、とおっしゃる方がいるかもしれません。

しかし、部下のレベルが先月レベル2で今月はレベル3に成長したのなら、そのわずかな伸びをほめてあげましょう。その際、具体的に話してあげることが大切です。具体的に、この部分が伸びたと、内容まで伝えることによって、部下の承認欲求も満たされることになるのです。

意識的に部下の強みを探すと同時に、部下の成長も見つけるのです。小さなことだって構いません。部下の側からすると、「ここまで見てくれているんだな」と承認欲求が満たされるはずです。

②質問で承認する

熱血上司は、一方的に指示・命令してしまいがちです。

確かに、育成間もない段階では、そのような「ティーチング型指導」がふさわしいでしょう。しかし、ずっとこのような「教える」スタイルのコミュニケーションをとっていると、部下が自分で考えなくなってしまいます。

また、レベル2から3まで成長しても、上司の側からすると、さらに成長してもらわないと困ります。そこで効果的なのが、**「質問による承認」**です。

これは、上司が相談しているように聞こえる質問をすることで、部下自身に答えを出させる方法です。

相談形式な質問をしてもらうことで、部下は「自分はチームに必要な存在なのだ」と承認欲求を満たされるというメリットがあります。

質問への回答を部下自身が考えることで、考えるクセもつくし、当事者意識も芽生えてきます。

熱血タイプの方は、意識的に部下に質問するようにしましょう。ただし、質問が尋問にならないように注意しましょう。

14 メールは武器にも凶器にもなり得る

メールが持つ特徴

メールは、相手の都合を考えなくてよいツールなので、非常に便利です。電話なら、相手の都合のよい時間にかけなくてはならないという不便さがあります。

しかし、ちょっとした「ねぎらいの言葉」をメールで送ったり、全員の連絡に使うなど、便利な部分もたくさんあります。

そんな便利なツールですが、部下の承認欲求を満たす武器となる場合もあれば、承認欲求を砕く凶器になる場合もあります。

そもそも、メールにはこのような特徴があります。

①表情が読めない分、言葉がきつく感じられる

メラビアンの法則によると、人の「話の内容」は、たったの7％しか相手に影響を及ぼさない、ということです。残りの93％の内訳は、見た目などの視覚情報が55％、口調や話の早さなどの聴覚情報が38％ということです（124ページ参照）。

たとえば対面で話す場合、同じ内容のことでも笑顔で言われた場合と、むすっとした表情で言われた場合では、受取る側の解釈も違ってきます。きつい内容の話でも、表情や声でリカバリーし、相手の承認欲求を砕くというところまでいかずにすむのです。

電話も、声の雰囲気から相手の心情を推測することが可能です。それらに対して、メールでは文面の影響が１００％です。メールは顔が見えない分、言葉がきつく感じられることになるのです。

②一方的なコミュニケーションになりがち

対面や電話での場合、きついことを言われても、その場で相手に質問したり意見することができます。誤解があれば徹底して話し合うことができるし、話しているうちに気持ちも緩和されてきます。それに対してメールの場合、その場でレスポンスできない場合があります。その場で話し合えば解決できることが、それができないことでややこしくなる場合があるのです。

③メールは残るものである

メールは残っている分、何度も見てしまいます。私にも経験がありますが、上司からの怒りのメールを何度も見ることで、必要以上に考えすぎてしまうことがあります。

こうすればメールは武器になる！

これら3つの特徴を踏まえて、メールを武器にするための方法をご紹介します。

①承認欲求を満たす「クッション言葉」を入れる

「知っていると思うけど」「今日もお疲れ様」といった、プラスの承認につながるワードを入れて送るようにします。こうした言葉が入っていることで、部下もきつい文面を受け入れやすくなります。

メールだとつい、用件だけを送ってしまう場合がありますが、このようなクッション言葉を入れるだけで印象がかなり変わります。

真っ先に、注意したいことを書きたい気持ちはわかりますが、部下の承認欲求を砕いてしまっては、いい方向には進みにくくなってしまいます。

②怒っている間は、下書き保存しておき、冷静になって一度文面を見直してから送信する

私も何度も経験がありますが、感情が高ぶっていると、文章が詰問調になってしまいます。詰問してしまうと、部下は何も考えられなくなってしまいます。怒られたことばかりが頭に残り、改善策まで考えられなくなってしまうのです。そうならないように、文面を送る前に冷静になる必要があります。

③すべてをメールで解決しようとしない

メールを送らず、そのまま電話したほうがいい場合もあります。とくに、重要なことや文面だけでは誤解を招く可能性があるものについては電話のほうがいいでしょう。

1章

この章のまとめ

部下ノートで承認ポイントを探す

部下が能動的に働けるよう、マニュアルに固執しない

意識的にプラスの承認をして部下が安心できる居場所になる

万能選手はいない、と心得る

叱るときは冷静にピンポイントで

メールは武器にも凶器にもなる

上司と部下は「上下」ではない。仕事の役割が違うだけ

部下を「指示待ち族」にしないために、わずかな成長も見逃さない

2章
承認体質が浸透する環境づくり

1 フラットな関係をつくり出そう

無理に威圧感を出す必要はない

1章にも書きましたが、上司と部下はどちらが偉いということでなく、そもそも役割が違うのです。

上司と部下は、組織の仕組み上タテの関係であるため、「部下からなめられてはならない」と、職責の境界線をはっきりさせようとする上司は少なくありません。

上司の役割は、部下をまとめて結果を出すことです。結果を出す過程において、叱らなければならないときもあるかもしれませんが、むやみに威圧感を出す必要はありません。

私は、初めて部下を持ったとき、無理に威圧感を出して失敗しました。無理に威圧感を出そうとすると、やはり部下も抵抗してきます。

そこで、部下をフラットな関係の「パートナー」として位置づけました。すると、関係も変わって来たのです。

部下とフラットな関係になる3つのポイント

では、フラットな関係を保つためには、どうしたらいいかを説明していきます。

①部下に自己開示する

「自己開示」とは、自分自身に関する情報を打ち明けることです。今、チームとして困っていること、自分が弱い部分を、あえて部下に打ち明けるのです。

上司が若い頃、失敗した例、成績が悪かった例を出すのもいいでしょう。部下に、自分自身の弱みを自己開示するのです。

自己開示をされた部下は、「私という存在を認めてくれているから打ち明けてくれたのだ」と思います。そんな上司のために、頑張ろうという気持ちがより増すはずです。

自分の弱点を部下に打ち明けたら、「なめられるのではないか」と思う方もいらっしゃるかもしれません。

そもそも、上司が部下になめられる、馬鹿にされる、言うことを聞いてもらえないのは、あることに起因しています。

それは、上司に判断力がないことです。自分でジャッジできないのです。このような上司は部下から馬鹿にされ、チームとしての統制がとれません。

逆を言えば、**自己開示で弱みをさらけ出しても、判断するときはきちんと判断すれば部下からなめられるということはありません。**心配しないで、自己開示をしていきましょう。

②イエスアンド法を使う

「イエスアンド法」とは、相手が言ってきたことや提出してきた企画に対して、いったんは**「イエス」と受け止め、そのうえで自分の意見や提案をひとつ加えるというやり方**です。

たとえば、部下の出してきた企画書がどんなにできが悪くても、一度は「よくやったな（イエス）」と受け入れます。そして、自分が新人だった頃を思い出しながら、感情を抑えてアドバイスするのです。

③部下の「ホームグラウンド」に降りていく

そもそも、部下からすれば上司は、近寄りがたい存在です。とくに、社歴の浅い人にとってはそうでしょう。

なかには、抵抗なくコミュニケーションがとれる人がいるかもしれませんが、最初はほとんどの人が近寄りがたく思うに違いありません。

そこで、私は次の3つのことを心がけることにしました。

・挨拶はこちらからする

挨拶は、上司が思っている以上に重要です。これがないと、部下は「何か、上司は私のことで怒っているのかな」と不安になるからです。

以前の勤務先では、こちらが挨拶しても「しかめっ面」で、まったく反応しない上司がいました。この上司は、「仕事ができる人」と言われていましたが、やはり人望がありませんでした。

挨拶ひとつで「存在を認めているんだよ」と承認欲求を満たすことができます。部下から挨拶してくるのをじっと待つのではなく、こちらから率先して声をかけるようにしましょう。

・ねぎらいの言葉をかける

部下が営業から帰ってきたら、短くてもいいので、「お疲れ様。今日は、外は暑くてたいへんだったでしょう」や「お疲れ様、雨でたいへんだったね」といった言葉をかけましょう。**「お疲れさまプラスひと言」**でいいのです。

部下の立場に立って、ねぎらいの言葉をひと言かけるだけで、部下の承認欲求は満たされます。

・自分から部下のデスクに行く

部下と話をするとき、部下を自分のデスクに呼びつけるのではなく、部下の机に上司自ら行くようにしましょう。人は、自分のテリトリーで話をすると安心するものだからです。

実際に、私のデスクで話をすると緊張していた部下が、部下のデスクに私が話しに行くだけでリラックスしていたということもあります。

2 こうすれば〝報・連・相〟はどんどん上がってくる

そもそも、報・連・相とは何か?

部下を承認していない上司のもとには、報・連・相が上がってくることはありません。

そのような上司には情報が集まってこないため、部下に対して、なおさら報・連・相を求めようとします。なぜ、報・連・相が上がってこないのでしょうか。主に4つの原因が考えられます。

①上司自身が、言いにくい雰囲気を醸し出している
②何か相談すると、上司がすぐに怒る
③上司が「自分で考えろ」としか言わない
④本当に部下が仕事をきちんとしていなくて言えない

④のケースは、部下に原因があるので別としても、①～③のような状態では、報・連・相は部下が話しやすいいいことしか上がってきません。

ここで、報・連・相の定義を考えてみましょう。そもそも上司は、いい報告を受けるためだけに報・連・相を求めているのでしょうか。

確かに、部下は自分の見えないところで動いているため、いい報告を受けると安心するでしょう。しかし、本当に必要なことは、悪い報告を受けて、それにどう対処するかを考えることではないでしょうか。部下としては、悪い報告はできればしたくないはずです。そのうえ、理由③までのような対応を上司がしているとしたら、「マイナスの承認」が作用しています。

質のいい報・連・相を受けるために

マイナスの承認をさせずに、いい報告が上がってくるようにするためには、このようにするべきです。

①言いやすい雰囲気をつくる

普段から、信頼関係の貯金をしておくべきです。

「何か、困ったことはない?」「ちょっと変わったことはない?」

など、こまめに声かけをしておくのです。

とはいえ、上司もたくさんの仕事を抱えています。そんなとき、部下が不意に声をかけてきたとしたら、しかめっ面で対応してしまうかもしれません。

そうならないように、私は次の2つのことをしていました。

・あらかじめ相談タイムを決めておく

たとえば、相談タイムは毎朝9時~11時にする、といった形で決めておくのです。

・緊急の場合は対応するが、手が離せない場合は10分後に話そうとその場で伝える

こう伝えておけば、うっかりしかめっ面で対応してしまっても部下も「忙しいんだな」と察し、承認欲求を砕かれることはありません。

②どんな悪い報告でも、報告してきたことを認める

悪い報告の場合、反射的に怒りたくなるかもしれません。私もそうでしたが、これをしてしまうと、「マイナスの承認」が作用することになります。「怒られるから、報告しないでおこう」と、小さなできごとの報告が上がってこなくなります。その結果、大事になってから上がってくるということになります。

悪い報告でもしてきたことに対しては、「助かったよ」「言ってくれてありがとう」「辛かっただろ」と部下を認めるようにしましょう。

③一緒に考える

「自分で考えろ」としか言わないのは、上司の仕事を放棄していると言っても過言ではありません。「一緒に考えよう」という言葉で、部下は「期待をかけてもらっている」と承認欲求が満たされます。また、部下の報告が分かりにくい場合でも、せかすような聞き

方や全否定をしないように注意しましょう。

3 昇格・昇給に導くことも上司の役目

部下のやる気につながる「外発的動機づけ」

どんなに、上司が部下を承認してモチベーションを上げようとしても、いつまでも昇格・昇給しないのであれば、部下はモチベーションを失ってしまうことになります。会社が承認してくれている、と思えなくなってしまうからです。また何より、昇格・昇給は他のメンバーからも**「見える形でのプラスの承認」**だからです。

モチベーションを高める、つまり「動機づけ」には心理学上、2種類あります。ひとつは**「内発的動機づけ」**で、もうひとつは**「外発的動機づけ」**です。

「内発的動機づけ」は、好奇心や関心、仕事の楽しさなど自分自身によってもたらされる動機づけであり、**「外発的動機づけ」とは義務、賞罰、給料などの自分以外の外部によってもたらされるもの**です。

2種類の動機づけ

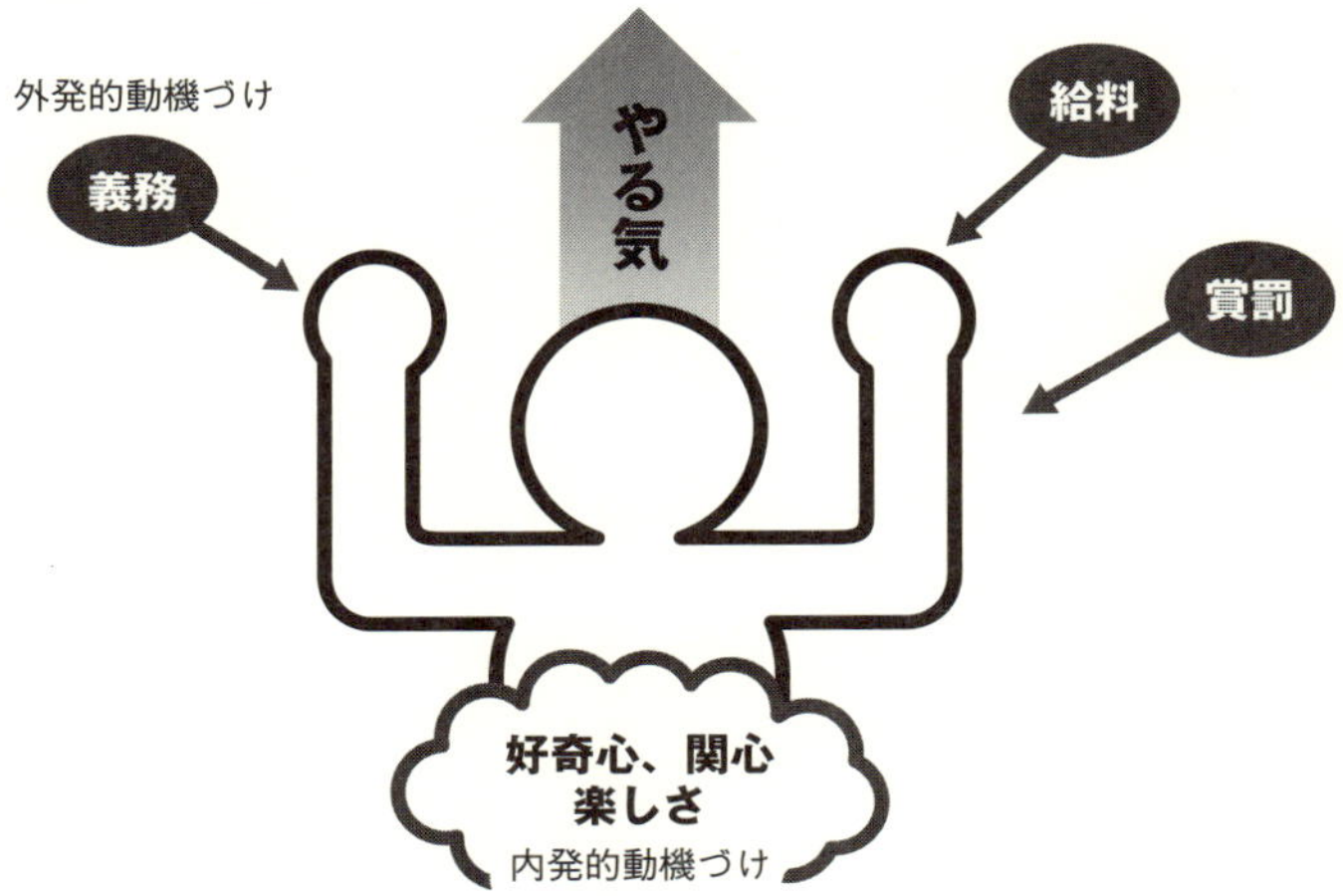

この「外発的動機づけ」である昇給・昇格がないと、「内発的動機づけ」だけで行動しようとしても限界が出てきてしまいます。どんなに直属の上司が承認していても、部下はいつか行き詰まってしまうのです。

上司は、どうしたら昇格・昇給できるかを具体的に部下に示し、正しい方向に導かなければならないのです。そのためには、昇格・昇給に関わるような部下の評価の基準となるポイントは、必ず頭に入れておく必要があります。ポイント制、それに加えて試験の有無、などの評価制度はそれぞれの会社によって異なると思いますが、大切なのは部下があとどのくらいで昇格・昇給できるか、を覚えておくことです。

たとえば営業で絶対的な成績を上げている

ものの、方向性が間違っていて評価ポイントの低い部下がいたとします。

これは、上司の責任でもあります。そういった部下は、昇格できるように方向性を修正してあげなくてはなりません。

もちろん、実力がない部下を昇格・昇給させることは問題ですが、実力がある部下はどんどん昇格・昇給させるべきです。

部下のための「抗議」が信頼につながる

ここで、あるエピソードをご紹介します。

ある年の営業全体会議において、上半期の成績優秀者の授賞式がありました。そこで、ちょっとしたできごとがありました。私の部下である新井君が、入賞できる数字を出していたのに発表されなかったのです。私は常に、部下のポイントを把握していたため、すぐに気がつきました。

私は、急いで新井君に確認しました。「確かにポイント数は同じですが、同点3位なので抗議しなくていいですよ」と温厚で控えめな新井君は言います。しかし、ここで黙っていたら上司失格です。私は、新井君が止めるのを振り切って、すぐさま営業部長に確認しました。

その結果、数字が訂正されて無事入賞となったのですが、後で聞いたところ、新井君はもちろん課のメンバー全員が心を打たれ、「上司はここまで見てくれているのだ」という気持ちになったそうです。

プロ野球でも監督の抗議により、チームが一丸となることがあります。部下のために正しいことであれば、それは全力で抗議しなければなりません。仮に、私が抗議せずに見て見ぬふりをしたとしたら、結果的にメンバー全員の信頼を失くしていたことでしょう。

ここで抗議できたのも、部下の昇格・昇給に関するポイントをしっかりと把握していたからです。売上げや利益など、チームに直結する数字は把握していても、個々の昇格・昇給のポイントまでは、と言う上司がいますが、これではいけません。

仕事に関することであれば、部下のことで知りすぎて困ることはありません。上司は、部下の正しい道筋をつくる〝水先案内人〟なのです。

つい**承認と言うと、「内発的動機づけ」ばかりに焦点が行きがちですが、昇格・昇給といった「外発的動機づけ」も常に意識する**ようにしましょう。

4 指示を小さくすればリターンは大きくなる

指示の出しすぎは「マイナスの承認」を生む

部下に指示を出すとき、細かなことまで何でもかんでも指示してしまうと、部下は承認欲求を満たされることがなく、モチベーションを下げてしまいます。

確かに、新人のような成熟度の低い部下には、細かいところまで指示を出す必要があるかもしれません。それでも、成長させるためには、必要以上に細かいチェックはしないほうがいいのです。ある程度任せられると、承認欲求が満たされ、部下のモチベーションは上がります。

もちろん、方向性が違っていたら軌道修正しなくてはならないし、聞かれたらどんどん教えるべきです。しかし、ある程度任せることによって、部下は自ら考えて行動するようになります。すると、考える力が身につくため、部下自身の成長も早くなります。

人は、他人から言われたことよりも、自分で考えたことをやりたがるものです。

日頃から、ある程度任せていると、上司に対する承認欲求が満たされることになるため、安心してプロジェクトに取り組めるようになるし、「返報性の原則」によって上司の期待に応えるリターンを出そうと頑張ってくれるのです。「返報性の原則」とは、**人は信頼してくれる人や何かをもらった人、いつもお世話になっている人に対して何かを返そうと思う、という法則**です。

たとえば、年賀状をもらったら返さなければならないと思います。また、お歳暮を送ってもらったら返さなければ、と思うことと同じなのです。

一方、細かいところまで何でもかんでも指示しすぎると、「自分は信頼されていないのかな」とマイナスの承認が作用し、「怒られない最低限のことだけやっておけばいい」、「言われたことだけをやっておけばいい」と部下は思ってしまうかもしれません。そうならないためにも、指示はできるだけ少なくしましょう。

上司は外枠だけを決めて、細かいことは部下に任せる

ここで、私が部下に対して指示を出しすぎた失敗例をご紹介します。

私は、あるプロジェクトのリーダーになったとき、「すべてを指示しなければならない」と思い込んでいました。新商品のプロジェクトだったので、やる気のあるメンバーばかり集まって、キックオフミーティングも非常に活気がありました。「これは絶対に成功でき

るな」、と確信しました。メンバーも、同じように感じていたでしょう。

ただ、私は必要以上に責任を感じており、毎日細かい報告書の提出をメンバーに求め、厳しく指示していきました。

プロジェクトの根幹をなす、自分より先輩にあたる社員にも、もちろん義務づけました。報告書を見ながら、日々細かく指示し、叱咤激励を続けました。ところが1ヶ月経ち、2ヶ月経ち、しだいにメンバーに疲れが見えるようになりました。進捗も思わしくありません。

チーム内に不協和音が生じていることを知らない私は、「何で、言われたことしかやらないんだ」とさらに叱咤激励を続けました。そんな中、上司である部長に呼び出され、「お前の下では、みんなもうやりたくないそうだ」と注意を受けました。

そうなのです。私はマイナスの承認をしていたのです。

最初のうち、ベテランの先輩が意見をしてきたときもまったく受け入れず、「言われたことだけやってください」「勝手にやらないでください」と、100%指示を守るようにさせていました。

プロジェクトの外枠は上司が決めても、細かいところは部下に任せるべきなのです。意見は受け止め、いいことだったら裁量を与えてやらせる。
任せることで、部下の承認欲求は満たされ、パフォーマンスもよくなっていくはずです。

5 効果抜群だった毎週キャンペーン

「キャンペーン」で承認欲求を満たす

私は営業マン時代、よくイベントをしていました。飲み会を開いたり、テニスやバーベキューなどのオフ的なイベントもやりましたが、オンでもさまざまなイベントを仕掛けました。

とくに効果的だったのは、毎週、チームを2つに分けて行なっていたキャンペーンです。新規獲得キャンペーン、重点商品売上キャンペーン、既存取引拡大キャンペーン、紹介キャンペーン、電話アポ件数増加キャンペーン、飛び込みキャンペーン……いろいろとやりました。

最初は、個人別の対抗でキャンペーンをしていました。それもいいのですが、いつも頑張る人が決まっていました。

そこで全体を底上げするためにも、チームを2つに分け、全員参画型のキャンペーンをすることにしました。

そうすると、今までキャンペーンをあまり意識していなかった人にも、**「皆に迷惑をかけたくない」「貢献して皆から認められたい」という気持ちが芽生えはじめます。**

また、各チームを日頃自分の補佐的な役割をしてくれているナンバー2の2人に任せます。彼らは、個人でも成績がいいので、普段から承認欲求は満たされていますが、**権限を与えることで、より承認欲求が満たされることになります。**また、将来上司になるときに生きる経験をすることもできます。

そして、2つのチームに分けてゲーム感覚で競い合わせます。私がやったのは、毎週のミーティングで負けたチームが勝ったチームのコーヒーを1杯驕る、というやり方です。これならば金額の負担も小さいし、気負わず楽しむことができます。

ただ、そうはいっても、やらなかった人には、自分が足を引っ張ったせいで仲間に120円でも出させてしまった、という反省が生まれます。その結果、やらざるを得ない環境になるのです。

チーム力を高める「キャンペーン」

また、仲間と情報交換をしながら進めていくと、安心感も出てきます。「こうしたら契約が獲れたよ」とお互いに教え合ったり、「ダメだったらこうすればいい」などとアドバイスをし合うと相乗効果も生まれます。お互いが承認し、高め合っていけるようになり、メンバー全員で成功を分かち合うことができるのです。

キャンペーンはお祭り騒ぎで、皆でとことんやります。やった後の達成感は計り知れないものがあります。チームの限界値を高めるパワフルなものになります。

これまで、あまり売ってこなかった商品を重点的に売ってもいいし、アポの獲得件数を競うのもいいですが、キャンペーンの内容は、できればメンバー自らが決めるのがいいでしょう。

自分で決めたキャンペーンなら頑張れる

キャンペーンの内容に関しても、リーダーはできるだけ否定しないことです。

確かに、メンバーがキャンペーンの対象にしたい商品と、会社として重点を置くべき商品が違うこともありますが、それでもできるだけ意見は聞き入れるようにします。自ら発案したキャンペーンなら、部下も一所懸命になれるに違いないからです。

キャンペーンを、チーム対抗にするメリットをまとめると次の2つです。

①ナンバー2（サブリーダー）にプラスの承認をし、より自覚を持たせる

②消極的なメンバーも、他のメンバーに認められなくなるのを恐れて頑張るようになる

6 部下に安心感を与える3つのグッズ

お菓子、メモ帳、ボールでプラスの承認

部下が、自分は承認されているという安心感を得られるようにするためには、ときにはグッズを使うのも効果的です。

私がよく使っていた3つをご紹介します。

①お菓子

誰かと話していて、チョコレートやアメをもらったとき、ふと朗らかな気持ちになった経験はありませんか?

実は食べ物には、人をリラックスさせ、緊張を解く効果があるのです。

政治家が大事な取引をするとき、会議室ではなくて料亭を使うのは、「食」という快楽や充足感を得る行動を一緒にした相手には好感を持ちやすい、「ランチョン・テクニック」という心理効果を狙ったものです。

お菓子やチョコレートも食だから、小さくても効果的であることは変わりません。同じものを一緒に食べるという行為が親和欲求を高めるのです。

「リラックスして話せるムードをつくる」ということも承認行為のひとつです。部下はねぎらわれているな、と感じるはずです。

②メモ帳

部下の前でメモ帳を取り出して、部下の意見を上司がメモを取っていたら、部下は安心すると思いませんか？　以前、私が営業マン時代にお会いした、飲食店を数店舗経営されていたある社長は、アルバイトの話でもメモを出して聞くとおっしゃっていました。

そうすることによって、社員やアルバイトが積極的にアイデアを出すようになったそうです。

自分が出したアイデアをうなずきながらメモを取ってくれる上司がいたら、それだけで承認欲求が満たされ、より頑張ろうという気持ちになるのではないでしょうか。

それ以来、私も部下の話を聞くときはメモを取るようにしていました。これは承認欲求を満たす以外にも、部下の話をその場で整理できるという効果もあります。

なかには、上手く内容を報告できない部下がいて、上司の側からすると「何を言っているんだ」と怒りたくなるケースもあります。

しかし、そこは冷静になってメモを取りながら話をすれば、意思疎通もしやすくなるでしょう。

また、承認ではありませんが、その場で約束事があった場合、メモに書くことで「言った言わない」という問題も避けられます。

③クッシュボール

これは、教育、組織活動の権威であるピーター・クライン氏によって考案されたグッズですが、触り心地のよいボールです。

本来は、グループで輪になって、最初にこのクッシュボールを持った人から順に、ブレストをする際などに使います。触っているだけで安心できるので、普段の打ち合わせでも使うといいでしょう。

人は、柔らかいものに触れていると安心します。また、部下に感情をむき出して怒りそうになったときも、やわらかいクッシュボールに触れることで、リラックスすることができます。

直接、承認につながるものではありませんが、マイナスの承認を生じさせるような感情的な怒り方をセーブする効果はあるでしょう。

7 失敗は歓迎しよう

できるようになるには、失敗が必要

失敗を責める減点主義は、企業に停滞を招きます。

なぜなら、「失敗するくらいなら、何もしないほうがいい」と「マイナスの承認」が作用してしまうからです。

失敗は必ず出てきます。元プロ野球監督の野村克也氏によると、失敗と書いて「せいちょう」と読むそうです。

子どもの頃、皆逆上がりの練習をしたものです。しかし、できるようになるまでは相当の数の失敗をしたのではないでしょうか。ビジネスでも同じです。

もちろん理論は大切ですが、いくら机上の理論を学んだり、ロープレをしても、現場で実践しないと上達することはありません。したがって、**リーダーは部下に、どんどん失敗をさせるべき**です。

失敗してもまた修正していけばいいという「修正主義」という考え方を取り入れるといいでしょう。「修正主義」は、走りながら考えるというやり方です。

部下は失敗を恐れます。したくないけど、失敗をする。それを上司に怒られたら、「マイナスの承認」が作用し、何もやらなくなります。

危ない橋は渡らない。上司からすると、一見このような部下は扱いやすく、安心できるかもしれません。しかし、このような部下は長期的に見ると、なかなか成長することができません。

失敗した人にこそ、プラスの承認を

失敗を恐れずにやるにはどうしたらいいか。そこで私が考えついたのは「**どんどん失敗をさせる」文化をつくる**ことでした。

失敗を恐れて何もしない人よりも、挑戦した人を評価することによってプラスの承認をするのです。逆に、失敗を恐れて平均点狙いの人は、目標を達成しても評価しないのです。

営業に行ったとき、「失敗してこい。お前に任せているぞ」と上司が声をかければ、部下も安心することができます。私も昔、失敗を承認してくれる上司のおかげで、安心して前に進むことができました。「失敗してこい」と声をかけることは勇気が必要です。勇気は必要ですが、部下が挑戦するようになるという、うれしいリターンも返ってきます。

先ほどの報・連・相の話でも書きましたが、失敗の報告を部下から聞くと、怒りたくなることもあります。そんなときは、紙に書き出すか部下のよいところを思い出して怒りを鎮め、部下にプラスの承認をするのです。

部下がなかなか新しいことに取り組まないとお嘆きの方、もしかすると失敗を必要以上に恐れる減点主義（マイナスの承認の作用）が蔓延しているのかもしれません。確かに、会社が減点主義を漂わせている場合もあります。

失敗した人にプラスの承認する。何もしない人を評価しない——これを職場で徹底させるのです。

上司であるあなたしだいで、いくらでも失敗歓迎のムードはつくれるはずです。

2章 この章のまとめ

相談タイムを決めて、質のいい「報・連・相」を！

自己開示して部下とフラットな関係に

昇格・昇給に導いて、外発的動機づけをしよう

上司は外枠だけ決めて、細かいところは部下に任せる

独自キャンペーンでチーム力UP！

お菓子・メモ帳・クッシュボールでプラスの承認

どんどん失敗をさせる文化をつくる

3章
言葉で承認しよう

1 ほめベタは簡単に克服できる

ほめられたら謙遜せず、「ありがとうございます」「うれしいです」と受け入れる

ほめるのはいいと分かっていても、なかなかほめることができない、という方もいらっしゃるかと思います。ほめベタを克服するためには、ほめられ上手になる、Iメッセージを使う、見たままを伝える、の3つを意識するようにしましょう。

あるとき、部下とのコミュニケーションに悩む馬場さんという方が、コーチングのセッションにいらっしゃいました。ほめるのが苦手ということに、セッションをはじめてすぐに気がつきました。

どのきっかけで気づいたかというと、馬場さんは話をしていて「それはすばらしいですね」と伝えると、「いえいえ、そんな」と謙遜をしたからです。

日本人には「ほめられると謙遜してしまう人」が少なくありません。私も、以前はそうでした。しかし、そのように謙遜していたら、人をほめようとするときも、「拒絶されたら嫌だな」と思って、ほめることを躊躇するようになります。

そこで、まずは**抵抗なくほめるためにも、「ほめられ上手」になりましょう。**ほめられたら、「ありがとうございます」とか「うれしいです」という言葉で受け入れるのです。

Iメッセージを使って、「私」を主語にしてほめる

Iメッセージとは、「私」を主語にした言い方であり、あくまでも自分の気持ちや感じたことをただ伝えるだけというものです。「いつも細かい作業を手伝ってくれて助かっています」「勉強になります」などがそうです。

このIメッセージは、謙遜をする人やほめると訝しがる人にも効果的です。**「私はこう思うよ」というメッセージであって相手に対する評価ではないので、信用してもらいやすいのです。**私自身もIメッセージでほめられたことがありますが、非常に心に響きます。

「吉田君は、忙しいのに後輩によく声をかけてくれていて助かるよ」。こう言ってもらえるだけで、上司に対して、「見ていてくれている。よし、もっと上司を喜ばせよう」という気持ちになったものです。

馬場さんは私との面談後、Iメッセージをどんどん使うようにしたそうです。それ以来、メンバー同士で馬場さんのために頑張ろう、という声も出てきたということです。非常に素朴な伝え方ですが、Iメッセージを使ったフィードバックは大変効果的です。

それに対して、一般的なほめ方がYOUメッセージです。これは、YOU（相手）を主語にしたメッセージです。「キミは仕事ができる」「キミは話が上手だね」などはストレートなほめ言葉ですが、あくまでも相手に対する評価であり、相手も受け入れるのに抵抗感を持ってしまいがちです。とくに、今まで人をあまりほめて来なかった人は抵抗を感じやすいでしょう。慣れるまではIメッセージを使うのがいいでしょう。

無理にほめ言葉を探すのではなく「見たまま」を伝えればいい

いつも白いシャツを着ている人がストライプのシャツを着ていたら、「今日はストライプのシャツなんですね」と言うだけでいいし、相手が髪の毛を切ったら、「髪の毛を切ったんですね」と言えばいいのです。

気づいてくれているのだな、と承認欲求を満たすことができ、それだけでもほめ言葉に値します。仕事の面でも同じです。「新規顧客を獲得したのだね」「売上げを達成したのだね」このように伝えるだけでもいいのです。

こちらが気づいている、つまり「見ているよ」と伝えるだけでいいのです。そうすれば、相手もこの人は私を承認してくれていると好感を抱きます。

2 ネガティブな報告を受けたら、まずすること

ネガティブな報告を話しやすい雰囲気をつくる

部下がなかなか失敗したことを伝えず、手遅れに近い状態になってから報告をしてくることは少なくありません。

「なぜ、もっと早く報告しなかったんだ」

「もっと早く言ってくれれば、何とかなったかもしれないのに」

「報・連・相をしっかりしろと普段から言っているだろう」

このように、つい部下に怒ってしまうという上司の方も少なくないでしょう。そもそも、ネガティブな報告を部下はしたくないものだからです。

ましてや、普段から怒ってばかりの上司に対してだったら、なおさらでしょう。怒られるくらいなら、何もしないでおこうと「マイナスの承認」が作用してしまいます。

その結果、早めに受けていたら何とかなったかもしれないネガティブな報告も、手遅れになってから自分のところに上がってくることになるのです。

部下がネガティブな報告を上げてこないのは、上司にも原因があります。まず、報告を受けたときの態度が重要です。

いきなり部下を叱りつけたり、相手の人格を否定していないでしょうか？　まずネガティブな報告を受けたら、報告してきてくれたことにプラスの承認をしましょう。

「よく伝えてくれたな。言いにくかっただろう。ありがとう」とねぎらいの言葉をかけるのです。叱るのはそれからでいいのです。

このようにすれば、ちょっとしたことでも上司に相談するようになります。「上司は自分を認めてくれている。悪いことをした」と思うようになるのです。

私が部下だった頃、ネガティブな報告を受けるのが非常にうまい上司と下手な上司がいました。

下手な上司は報告や相談をするとき、「しかめっ面」で「何をやってるんだ」「何度言ったらわかるんだ」と、まずは罵声からはじまります。私がこの上司の下で働いていたとき、最初は人格を否定され、辛い思いをしていましたが、慣れてくると「またはじまった。左から右に聞きながせばいいや」と思っていました。まさにマイナスの承認です。

上司が一所懸命叱っても、部下は聞くふりをしているだけで、本当は聞いていないのです。誰しも最初から怒られたのでは、真剣に聞こうとは思わないはずです。

逆に、報告を受けるのがうまい上司は「また何かやらかしちゃったか」と、おどけながら聞いてくれるのです。すると、部下の立場からも話しやすいのです。

その結果、同じように叱られはするのですが、上司が自分の存在は認めてくれていると認識しているので、部下も反省するのです。

こんないい上司に迷惑はかけたくないと、ネガティブなことは早く相談しようと思うようになるのです。

もうひとつ、ネガティブな報告を受けたら、上司から解決案を出す前に、部下に対して「どうしたらいいと思う?」と聞くようにしてみましょう。

あえて、「君の意見を聞いてみよう」と促すのです。その場合も部下は上司から見ると、とてもいい解決方法とは思えないようなことを言うかもしれません。それでも否定せず、まずは受け入れるようにしましょう。

ネガティブな報告の受け方例

最後に、ネガティブな報告を受けた場合のよい例と悪い例を挙げておきます。

〈よい例〉

部下「課長、ちょっとご相談したいことがあるのですが、お時間よろしいですか？」

課長「おー、いいよ（笑顔で）。何かやらかしちゃったか？」

部下「はい。実は……」

課長「とりあえず、話してみろよ」

部下「実は、A商事から受注のあった慰安旅行の案件ですが、見積り提出時には空きのあったBホテルが予約がいっぱいになってしまって取れないのです。先方の部長がBホテルを強く希望していて、もしかすると、この話はなくなってしまうかもしれないのです」

課長「そうか。先方にはお伝えしたか？」

部下「いや、まだなのです。なかなかお伝えしづらくて」

課長「そうだよな。いや、早めに教えてくれてありがとう。ちなみに見積り提出時から決定まで、どれくらいのタイムラグがあったの？」

部下「1ヶ月ぐらいありました」

課長「1ヶ月か。それは長いね。その間、仮予約したり、確認しておいたの？」

部下「怠っていました。すみません」

課長「それはいけないな。ところで、君はどうしたらいいと思う？」
部下「同じグレードのCホテルとDホテルで、再度提案してみようと思います」
課長「それはいい案だね。何か困ったら手助けするので、遠慮なく言ってくれよ。それから確認は怠らないようにね。せっかく営業成績も上がってきているのにもったいないからさあ」
部下「ありがとうございます。早速CホテルとDホテルの空き状況を確認し、先方に連絡を入れるようにします」

〈悪い例〉

部下「課長、ちょっと相談したことがあるのですが、お時間よろしいですか？」
課長「忙しいんだけど、何だよ」
部下「はい。実は……」
課長「また、何かやったのか？」
部下「すみません……。実は、A商事から受注のあった慰安旅行の案件ですが、見積り提出時には空きのあったBホテルの予約がいっぱいになってしまって取れないのです。先方の部長がBホテルを強く希望していて、もしかすると、この話はなくなってしまうかもしれないのです」
課長：「何やってるんだ、お前は。ちゃんと仮予約をしたのか？」
部下：「すみません。（また怒られた。とりあえず反省しているふりして、聞き流そう）」
課長：「そもそもお前は、仕事の詰めが甘いんだよ（まったく手がかかる奴だな）」
部下：「すみません。（オレってダメだな）」

いかがでしょうか？
よい例のようにうまく報告を受ければ、状況をつかめるだけでなく、今後の対策まで立てられるのに対して、悪い例だとまったく解決に近づいていません。

3 不要なプレッシャーをなくす言葉

辛さに共感する

部下のやる気を引き出そうとしても、相手の心理状態によっては、なかなかうまくいかないこともあります。

何かに不安を抱いている部下に、不要なプレッシャーを与えるのは逆効果です。そのような部下に対してプレッシャーを解き、プラスの承認をする方法を、私の実際のエピソードを織り交ぜながら、お話ししたいと思います。

ある商品企画をしているとき、協賛していただける店を2ヶ月で70店舗集めなければなりませんでした。私にとっては初めての経験だったため、非常に不安でした。

そんなとき、先輩の伊藤さんは「不安な気持ちはわかるよ。70件は簡単な数字ではないからね。でも、他のエリアでは1ヶ月に30件獲得したのだし、きちんと計画通り進めていけば大丈夫だよ。今回はメンバーも4人だし。それでもたいへんだったらできるだけ手伝うから」と言ってくださったのです。

伊藤さんは、私の辛さに共感している発言をしてくださいました。「辛いけど頑張っている自分を認めてくれているのだ」と、それだけでも、承認欲求が満たされ、不安もほぐれたものです。

降格や解雇などの処分をちらつかせない

私が在籍した外資系企業は、営業成績によっては、会社にいられなくなるかもしれないという厳しい環境でした。

そうでなくても、雇用のことというのは不安なものです。

ところが、同僚の中には降格や解雇をちらつかせて反骨心を煽ろうとする上司がいました。反骨心を煽ろうというやり方に対して私はあまり賛成できませんが、そのようにして結果を出してきたという方もいらっしゃるでしょう。

反骨心を煽るのはいいとして、問題なのは、降格や解雇をちらつかせることです。これは絶対やってはなりません。

そうでなくても、部下は不安なのです。それなのに、さらに上司にそのようなことをされると、自分はこの会社に必要とされていないのではないか、とマイナスの承認を生じさせるだけです。

ならば、まずは部下の立場になって「今月の目標はいくらだい？　不安な気持ちはわかるよ。簡単でないかもしれないけど、やってみようよ。プランを考えてみようか」と不安な気持ちである部下に共感することで、いったんプラスの承認をします。そうすると、部下もよけいなことを考えることなく、「数字を上げること」に集中できるようになります。要するに、**必要以上に不安を抱かせてはならない**のです。

必要以上に不安を抱かせることは「マイナスの承認」になるだけです。

以前よりよくなっている部分を探してほめる

なかなか結果が出て来ない成長中の部下に対しては、「前回出してきた企画書より、ずっとわかりやすくまとまっているね」「クロージングで焦らず、お客さまの言葉を待てるようになったね」など、以前よりよくなっている部分をほめるのです。

こうすると「上司は見ていてくれているのだな」と承認欲求が満たされ、意欲も高まります。

4 ほめながら叱れる言葉を使おう

レッテル効果を使う

叱られるよりほめられるほうが、部下のモチベーションは上がります。**ほめることで承認欲求を満たしながら、指摘して叱る**というのは非常に効果的です。

部下も反省するに違いありません。そんな、ほめながら叱れる方法を2つご紹介します。

「佐藤さんはプレゼン資料づくりがうまいから」

このように言われると、言われているほうもその気になります。

「私はプレゼン資料をつくるのがうまい」と、佐藤さんに思わせるのです。これは相手にレッテルを貼るやり方で、心理学用語上「**レッテル効果**」と言ってインパクトがあります。

これを叱るときに組み合わせると、部下も「認めてもらっているのにすまないことをした」と思うに違いありません。

「佐藤君は、いつもお客様に安心感を与えているのに、今回連絡を怠ったのは非常にもったいないよ」

このように言われたらどうでしょうか？　叱られても、次は気をつけなくてはと思うのではないでしょうか？


このレッテル効果は、相手に自信を持ってほしいときや、相手に自発的に動いてほしいときに使うと効果的です。

叱る内容とセットにすれば、「ああ、期待されているのに、何ていうことをしてしまったのだ」と、部下自ら反省するはずです。

次回は、期待に添えるように頑張ろう、迷惑をかけないようにしようと思うでしょう。

サンドイッチ話法を使う

さらに効果的な方法として、**叱りたいことの前後に、ほめ言葉で相手を承認してから伝える「サンドイッチ話法」**という方法があります。

この方法を使うと、相手は自分が承認してもらっているので、ストレスは軽減されます。

また、認めてもらっているのに申し訳ないという「返報性の原則」が働くため、部下も素直に耳を傾けることでしょう。

サンドイッチ話法とは、相手に対する改善欲求を、ほめ言葉や感謝の言葉、将来への期待といった言葉でサンドイッチして伝える方法です。

上司「伊藤君、お疲れさま。どう？　例のプロジェクトの企画書は進んでる？」
部下「課長、お疲れ様です。はい、順調に進んでいます」
上司「よかった。いつも短い期間でいい企画書をつくってくれるから、伊藤君にはホント助かっているよ。ところで、先ほどA社の藤岡さんから、案件がほったらかしにされているけど、どうなっているのですか、と少し怒り気味の連絡が来たけど、どうなっているのかな？」
部下「すみません。言い訳になってしまいますが、プロジェクトの企画書にかかりきりで、つい後回しにしてしまっていました」
上司「伊藤君、忙しいのはわかるけど、A社は大切なお客様だからね。すぐに連絡してくれるかな」
部下「わかりました。すぐにお詫びの電話をして、伺うようにします」
上司「頼むよ。伊藤君は仕事がデキるから、ついたくさん仕事を抱えてしまうけど、期待しているから頑張ってよ。プロジェクトも進めてくれて評価も上がっているのに、営業成績が下がってしまったらもったいないからね。昇給のチャンスもあるんだから」

サンドイッチ話法の場合、最初に感謝の言葉を伝えます。こうすることで、「あなたのことを承認していますよ」というメッセージにもなります。

まず、承認していると伝えることが大切なのです。**次に叱りたいこと、いわゆる改善の要求をします。**

こうすれば、いきなり叱られるより、相手は抵抗感がないため受け入れやすいでしょう。

そのうえで、**最後に「期待している」ということを伝えながら「もったいない」という言葉を使っています。**

この**「もったいない」は、ほめながら叱れる便利なフレーズ**なので、覚えておくといいでしょう。

5 もっと考えてほしいときはこう伝えよう

正しい部分は承認して、考え直す部分を伝える

部下がつくってきた提案資料を「こんなのダメだ」と、理由も言わずに突きかえしたりしていませんか。

私が、ある新商品の開発プロジェクトリーダーに選ばれたときのことです。二晩徹夜に近い状態で企画書を作成し、課長に提出しました。課長はそれを見た瞬間、「インパクトがないいな。これじゃあ、お話にならない」と言って突き返しました。

確かに、未熟な内容だったかもしれません。しかし、二晩徹夜に近い状態で仕上げた企画書です。私は、自分自身が否定されたように感じ、ショックで頭の中が真っ白になりました。

しかし部下である以上、上司に対して感情的に抗議するのはよくありません。怒りを心の中で収めながら、「どこが悪いのですか」と聞きました。

すると課長は、「お客様の視点に立っていない。自分がお客様だったら、この企画で購

買意欲が出てくるか」と返してきたのです。

こうなると、私も切り返せなくなります。かと言って、課長の言っていることも漠然としすぎているので、そのままでは解決の糸口をつかむことはできません。

仕方なく、係長のところに企画書を持っていき、相談しました。係長は、課長の性格も知っていて、しかも後輩思いであるため、「全部は悪くない」と企画書を作成したことを、まずは承認してくれました。

そのうえで、「チャート図表をつくり、この部分をもっとくわしく、この部分は不要なので削るともっとわかりやすくなる」と、丁寧にアドバイスをしてくれました。

そのアドバイスをきっかけに、私はプロジェクトの企画書を完成させることができました。どこを直せばいいかが明確になったため、完成させることができたのです。

このように、部下にもっと考えてほしいときは、まず正しい部分は承認し、どの部分を考えるべきか具体的に示すべきでしょう。

まずは小さなことでもいいので、何かを承認するべきです。たとえそれが見つからなくても、提出してきたことはプラスの承認の対象ではないでしょうか。「おー、できあがったか！　お疲れ様」のひと言でいいのです。

いきなりすべて否定されると、自分自身が否定されているように感じてしまいます。下手をすると、自分で考えることをやめてしまう部下もいるでしょう。

こんなことを言うと、甘いとおっしゃる方がいるかもしれませんが、考える力を失ってしまっては元も子もありません。

どんな小さなことでも、できている部分を探して承認しよう

ここで、私が開催している勉強会に来られる経営者、川村さんのお話をします。

川村さんは、スタッフのどんな提案に対しても、「その考え方は面白いね」「そうか。そんな視点もあるね」と、まずは部下の承認欲求を満たす言葉を返すそうです。

確かに、有益な意見もありますが、なかには会社のイメージに合っていなかったり、考えが浅く感じられる場合もあります。それでも、その場で否定はせずに、前述の「イエスアンド法」を使うそうです。

小さな思いつきでも核心とズレていても、まずは受け入れることで部下の承認欲求を満たします。そのようにしていくと、部下も考えるようになるのです。

上司からしてみると、部下の出してくる提案書は物足りないかもしれません。しかし、それはある意味仕方のないことなのです。

なぜなら、部下は上司よりも経験も浅いし、知識量も少ないからです。逆に、部下を上回っているから上司なのです。

そもそも、上司であるあなたは自分が部下だったとき、自分が求めているレベルまでできたでしょうか。自分が出した案を、当時の上司に否定されてモチベーションが落ちたことはなかったでしょうか。そう考えると、いきなり否定はしないほうがいいことはお分かりいただけるでしょう。

満足できない状態であっても全部は否定せず、部分肯定をします。どんな小さなことでも、できていることを積極的に探し、そこを承認しましょう。

6 賛成でも反対でもないときはこう話そう

部下の不満をいったん承認する

外資系企業で営業マネージャーをしていた頃、その会社は、給料の中でインセンティブの占める割合が大きな給与形態をとっていました。

頑張ってインセンティブを獲得しようと、自分自身のメンタルを管理できる部下はいいのですが、残念ながら誰もがそうではありませんでした。

そうできない部下にとって、気になるのは周囲の同僚でした。

目標の数字が不平等だとか、誰それのエリアは引き継ぎ顧客が多い、渋谷エリアのチームは優遇されている、マネージャーは○○君に甘すぎる……など、周りと比べはじめたらキリがありませんでした。

私も、部下からこのようなことを言われ、「人のことを気にする前に、まず自分が頑張れよ」と言いたいことが何度もありました。しかし、そう言ってしまうと、そのような部下としては自分の意見が受け入れられていない、と承認欲求が満たされず、変わろうとしません。

このような部下に対しては、思いきり叱りつけるということも悪いことではありません。しかし、このタイプの部下は、言い訳をするだけで、結局は何も変わらないでしょう。そこで、まずは意見に賛成でも反対でもないけれど、「そのような考え方もあるな」「なるほどな」と、まずはいったん承認するのです。

承認した後に「イエスアンド法」を用い、自分の成績を伸ばすにはどうしたらいいかを考えさせるのです。

部下「渋谷エリアのチームは、目標数字が楽ではありませんか？」
上司「そう思うか」
部下「○○君ってひいきされていますよね」
上司「そう感じるか」

このように答えれば、直接的に賛成も反対もせず、相手の言い分を承認することができるのです。

賛成・反対を伝える前に受け入れる

よほどの問題発言でない限り、出てきた意見をそのまま否定しないほうがいいでしょう。

1章の承認ワードのところでお話ししたように、「そういう考え方があったか」「おお、そうくるか」などと答えるのもいいでしょう。ほめ言葉ではありませんが、相手を認めているニュアンスなので問題はありません。

あるいは、「なるほどね」という言葉や、オウム返しで相手を受け入れます。そのうえで、「それぞれを細かく見ていこうか」と伝えるのです。

このように、賛成か反対かをいきなり述べる前に、いったん相手の意見を受け入れるようにしましょう。

7 ネガティブな言葉はこう言い換えよう

ネガティブはポジティブにできる

人間は、他人のいいところを探そうとしても、つい、ネガティブな部分に目を向けてしまいがちです。

とくに、上司は部下よりも経験も知識も勝っているため、自分自身を基準に考えると、つい部下のネガティブな部分を見てしまいがちです。

そのネガティブな部分を、どうポジィティブに変換できるかも、上司の役割の大切なポイントです。

実は、**ネガティブなことの裏にはポジティブな部分が隠れているものです。**言葉の言い回しを変えるだけで、ネガティブのように思っていたことが、実はポジィティブな意味合いに取れることはよくあります。

「飽きっぽい」は「早く見切りをつけられる」、「臨機応変に対応できる」に。「考えずに行動する」は、「考えが浅い」のではなく、「行動的」と考えるようにすればいいのです。

たとえば私は、営業で神経質で思い切った行動ができない部下の、「神経質で思い切りが悪い」と考えていた部分に関して、「この人は慎重で、大きな既存顧客なら任せられる」とプラスに転換して伝えるようにしていました。

短所の裏にある長所を活用させよう

人は、自分自身に対してもネガティブなことばかりを気にしがちです。ですから上司は、たとえば次のように、本人が自分の欠点だと思っていることを、「使える」個性に変換してあげましょう。

・話しベタ↓聞き上手。相手から情報を引き出すことができる
・気が小さい↓慎重。大きな失敗をしない
・人の気持ちが気になる↓空気が読める。人から嫌われない
・大雑把↓全体像が把握できる。まとめるのがうまい

・細かい→几帳面。よく気がつく
・じっとしていられない→行動的。フットワークが軽い

これは、すでに本人が認識している長所をほめるより、はるかにインパクトがある方法なのです。「裏を返せば……」のひと言で、欠点もほめ言葉にできるのです。ネガティブな言葉を伝えたくなったら、言い換えができないかを常に考えるようにしましょう。

短所というものはたいてい、「100%悪いことばかり」ではなく、上手に活用すれば長所になり得るものです。

「小心」という短所は「慎重で丁寧」という長所に、「神経質」という短所は「チェック能力が高い」という長所に変換することができます。そのように考えると、欠点だらけに思える部下でも、ほめるところはたくさんあるはずです。まずはそれを指摘して、本人に自信を持たせましょう。


短所を短所で終わらせず、正しく活用できるように導くのも上司の役割です。

短所というものは、見方を変えるだけで、「悪いもの」にも「よいもの」にもとることができます。短所を短所として指摘して終わらせるのではなく、その裏にある長所として

承認し、正しく活用できるようにアドバイスしましょう。

8 改善してほしいときに効果的な言葉

「もっと」ではなく、「さらに」と伝える

改善してほしい点を伝えるときも、すべてを改めろと言うのではなく、現状できている部分は承認するべきです。

言い方によっては、これまでの努力を全部否定されたと感じる部下も出てくるかもしれないので、ここは注意が必要です。

ここでは、私が改善を促す際に使った効果的な言葉を紹介していきます。

改善をしてほしいときは「もっと伸ばそう」と言うより、「さらに伸ばそう」と話すようにするといいでしょう。

「もっと伸びる」という言い方にすると、現状がよくないと言っているようにとられて

しまいます。そう言われると、反発心を持つ部下がいるかもしれません。

私は以前、毎日10件以上の飛び込み営業をしていましたが、当時の上司から「新規訪問が10件か。もっと伸ばせるだろ」と言われたのです。

当時は、既存顧客や見込み客も持ちあわせていて、新規10件の訪問はメンバーの中でもかなり多いほうでした。結果が出ていなかったので、上司としては「もっと」という思いがあったのでしょう。しかし、そう言われたとき、私は反発心を持ちました。「課長は何も分かってくれていない」という思いが強くなったのです。

しかし、言葉を換えて、「もっと」を「さらに」にしたら、まったく違う解釈になっていたでしょう。

「新規訪問10件か。頑張っているね。さらに、あと2件伸ばして訪問してみたらどうかな？」

こう言われたら、承認欲求も満たされ、よりモチベーションも上がったことでしょう。

よくなっている点を指摘する

もう一点、部下に改善を促したいときは、まず以前より進歩していることを指摘すると効果的です。成長途上の部下に対してはつい、着実に前進していることを見落としてしまいがちです。

そんなときは、「前回のアイデアよりもずっとよくなっているね」「パワーポイントの資料づくりがうまくなったね」など、以前よりもよくなったところを指摘するのです。すると部下は、「自分を見ていてくれている」と上司を信頼し、より頑張ろうという気持ちになるのです。

そのうえで、「さらに、この部分をもっとくわしく調べるといいかな」「さらに、くわしい資料をつけ加えたらいいのではないかな」とすればいいのです。

未来に目を向けてほめる

改善してほしい部分を伝えるときに昇格や昇給の話をしてもいいでしょう。昇格や昇給は、他のメンバーにも見える形での「承認」なので、モチベーションも上がりやすいからです。

たとえば、入りたての新人で、ほめると乗りやすいタイプなら、「この調子で売上げ成績を上げてくれたら、今月も達成だね。さらに、A君なら本気になれば、月間営業成績トップも夢じゃないね」といった具合いです。

「本気になったら」という言葉をつけ加えることで、部下からすると「自分は認められている」とうれしく思い、さらに「だったら、力を見せてやろうじゃないか」と上司の期待に応えようと思うはずです。

平均以上だが、ある部分を頑張ってほしい部下には、「その部分を伸ばしたら、誰も君にかなわなくなるだろうな。無敵だ」と言うのもいいでしょう。

以前、私も課の定例会に社長が参加したとき、「ここ3ヶ月の個人の営業成績はトップだし、後輩の指導もよくしてくれている。あとは新規顧客の開拓件数を増やしてくれれば、マネージャーに昇格できるよ」と言われて、「この部分を伸ばせば、マネージャーに昇格できるんだ」と、かなりモチベーションが高まったものです。

9 ときには第三者の力も借りよう

第三者の前でほめる

直接ほめられると、「何か下心があるのではないか」「お世辞を言って調子がいいな」と疑う人もいます。この章の最初に、「ほめ上手になるためには、まずはほめられ上手になろう」と書きましたが、これはなかなか難しいものです。

そのためには、具体的にどの部分かを明示してほめる方法や、事実をほめるといった方法もありますが、もっと効果的なのは、第三者の前でほめる、本人のいないところでほめる、WEメッセージでほめる、の3つです。

まず、私の実際の経験をもとにお話をします。まだマネージャーになっていなかった頃、社長の知り合いのところへ社長と同行営業したときのことです。

社長が、お客様に私を紹介する際、「彼は、弊社でも3本の指に入る営業マンなので、私も信頼しています。安心してお任せください」と言ってくださったのです。

これには感動しました。多少は、社長も大げさに言ったのでしょう。しかし、このように第三者の前で紹介されると非常に嬉しいものです。いつも以上に承認欲求が満たされ、もっと頑張らなくては、という気持ちになったことを覚えています。

この「ほめ方」は「**ティーアップ**」と呼ばれるもので、ゴルフボールをティーに乗せるように、**相手をちょこっと持ち上げて承認するやり方**です。

私も上司になってよく使いましたが、**第三者の前でほめるやり方は、部下と一対一のときよりも言うのに抵抗がありません。**ほめることは照れくさい、という方でも抵抗なくできると思います。さらに、紹介された側にも印象に残りやすくなるのです。

部下は、「またまた」と言いながら嬉しそうにしていました。第三者の前でほめるのは、一対一でほめるよりも効果的なのです。

本人のいないところでほめる（第三者が言っていたと伝える）

当の本人がいないと、ついその人の欠点や悪口などのネガティブな部分が話題になりがちです。そうではなく、「いない人をほめて盛り上がる」のです。

たいてい、本人のいないところで話したことは、人づてに話題になった本人に伝わるものです。

飲み会の席での話などは、とくにそうです。そういうとき、たいてい自分の耳に入ってくるのは「悪口」なので、「ほめていた」と聞くと、本人は大喜びするはずです。

面と向かってほめられると「本当にそう思っているのかな」と疑い深くなる場合もありますが、第三者が言っていたと聞くと信憑性も増すものです。

「陰で悪口を言う」のではなく、「陰でほめる」ようにしましょう。

私の知人で、ほめるのが上手な方がいらっしゃいます。あるコミュニティでご一緒させていただいた方なのですが、Aさんには「Aさん、この前Bさんがあなたのことを、すごくほめていたよ」と伝えます。また、Bさんにも同じように伝えます。

すると、AさんもBさんも喜びます。さらには2人とも仲介したその知人にも感謝の念を抱き、皆が承認欲求を満たされ、満足することになるのです。

WEメッセージでほめる

本章のはじめにお話ししたIメッセージは「私」を主語にしたやり方ですが、さらに効果的な「私たち」を主語にしたWEメッセージがあります。Iメッセージも効果的ですが、WEメッセージはそれ以上の効果が望めます。


ここで、私の高校時代のお話をします。

私は高校3年の1学期、成績が非常に悪く、学年でも下から10番以内に入っていました。ところが、英語だけは好きで一所懸命勉強して成績を上げていました。すると、日本史の先生に授業終了後、突然呼び出されたのです。

「英語がこれだけできているのだから、日本史も勉強すれば難関大学だって入るチャンスはあるんだ、と担任の先生と吉田のことを話していたのだ」と言うのです。

これが、この日本史の先生だけの言葉だったなら「勉強しろと言いたいだけだろう」と思ったはずですが、第三者である担任の先生と2人で話していたというので、非常に印象に残りました。

「期待してくれているのだな」と、Iメッセージ以上に承認欲求も満たされ、それ以来受験勉強を頑張ったのです。

このように、「私たち」を主語にして相手への期待を伝えたり、ほめることは非常に効果的なのです。

10 部下から電話を受けたときに使いたいひと言

顔が見えない電話だからこそ、気を使おう

部下から電話がかかってきたとき、ぶっきらぼうに用件だけを話したり、いきなり叱りつける上司がいます。これでは、部下に「マイナスの承認」を感じさせてしまう可能性があります。

確かに、忙しいときにかかってきた電話には、ついイライラした対応をしてしまいがちで

す。それでなくても、上司は忙しいからです。

電話には、お互いの顔が見えないという欠点があります。そのため、こちらのぶっきらぼうな言葉遣いが、そのまま「マイナスの承認」になってしまう危険性があるのです。これが職場で、お互いに顔が見える状態なら、上司も忙しいのだろうと部下にもわかります。しかし、電話でぶっきらぼうな対応をされると、何だか得体のしれない不安を抱く部下もいます。

私自身がそうでした。何も、怒られるような原因をつくっていないのに怒られた気がする、私を一人前として認めてくれていないのではないか、といった不安やマイナスの承認が出てくるのです。

こんなことを書くと、甘いとお叱りを受けるかもしれません。しかし、たった数分間のやりとりで部下の承認欲求が満たされ、モチベーションが高まるのなら、電話にも気を遣うべきでしょう。

メラビアンの法則

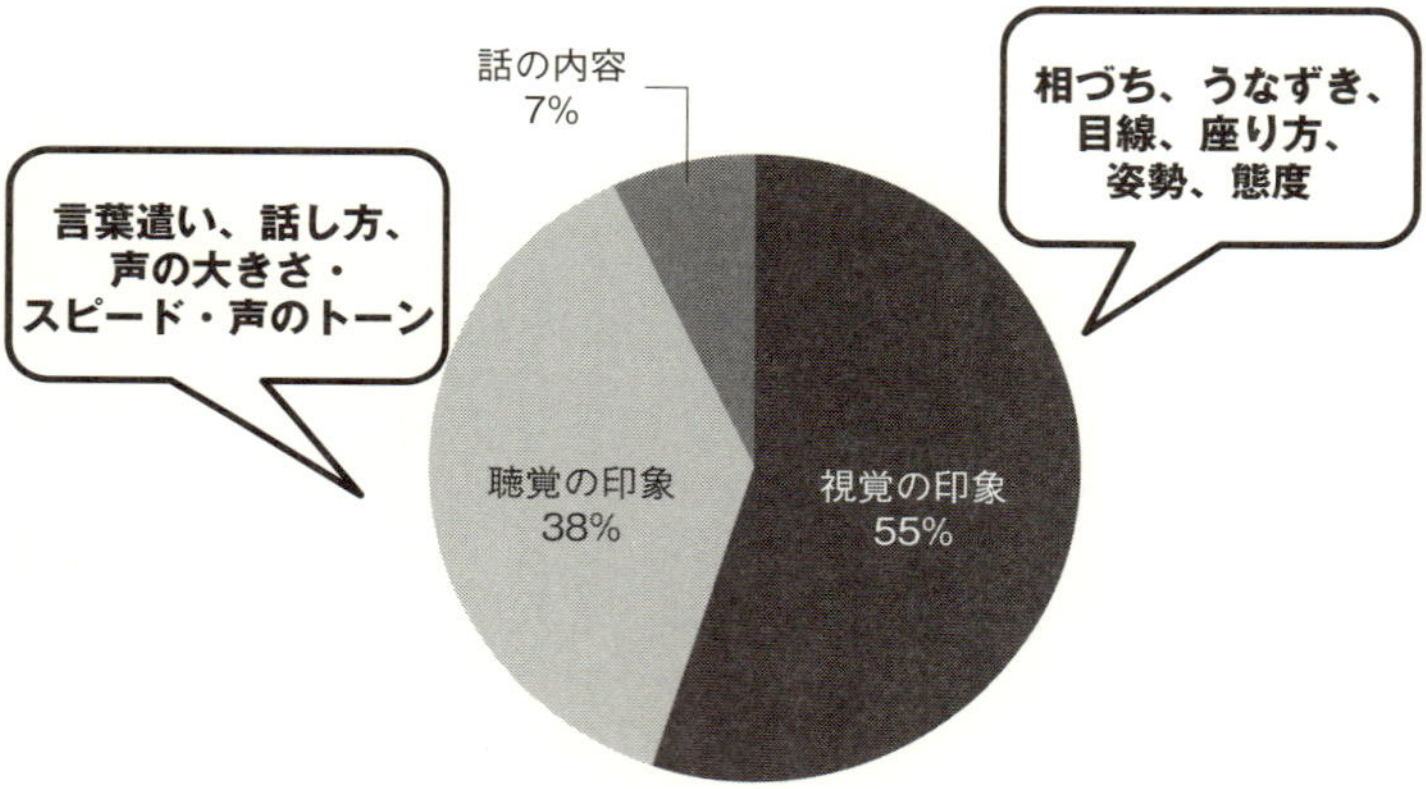

部下がリラックスする電話での話し方

メラビアンの法則によると、人は見た目の影響を55％受けると言われています。電話ではその「見た目」が分からない以上、声の大きさやスピードが必要になってきます。

声の大きさやスピードについては次の章で述べますが、本来７％の影響しか受けないと言われている「話の内容」についても、対面で話す場合よりも重要になってきます。「話の内容」も、部下が安心できるものにするべきなのです。

そもそも、部下は上司に電話することに抵抗を持っています。「いきなり怒られたら嫌だな」と思うわけです。

私が営業課長だった頃、当時の上司である

営業部長がすぐ「何だよ」という言い方をするのを、嫌だな、と思っていたので、自分自身は、とくに部下との電話には気を遣いました。

私が、とくに気をつけていたのは、次の点です。

①まずは明るく「お疲れ様プラスアルファ」を言う

これは、「お疲れ様。今日は暑いね」「お疲れ様。雨は大丈夫？」などです。

余談ですが、私は部下をリラックスさせるために「お疲れ様」の部分を「お世話になっております」とか「いつもお世話しております」と言っていました。

このような冗談でも、部下はリラックスできたそうなので、使ってみるといいでしょう。

部下に気を遣ってリラックスさせる必要などないとおっしゃる方がいるかもしれません。

しかし部下がそれで承認欲求を満たし、モチベーションもパフォーマンスも上がるなら試してみるべきでしょう。

②「今日はA社に行ってるんだよね」「栃木の佐野を回っているんだっけ」

行き先をきちんと知って話をすれば、部下も自分のことを見てくれているのだなと、ホッとするし、「見られているから油断できない」と、部下を引き締める効果もあります。

ただし、「今日のA社の面談どうだった?」と聞くくらいにして、「きちんと話せたか」等の詰問はするべきではありません。

細かい報告は必要でなければ、日報やミーティングなどの対面で話す際に確認すればいいのです。

③こちらが忙しいときは折り返しの電話にする

バタバタしていて、長く話せないときもあります。そのような場合、よほどの緊急でない限りは、折り返し電話をする旨を伝えるようにします。部下からの電話は、必ず時間をきちんと取るようにしましょう。忙しいということを口実に、片手間ですませないでください。

これを省略しておざなりにすると、部下の承認欲求は満たされず、不安感や不満を抱く場合もあります。

④大事な案件は、できるだけ対面で後ほど話す

対面と比べて電話は誤解も生まれやすいため、話すことは必要最低限にしておきましょう。ただし、何度も言いますが最低限の連絡は必要なので、話し方に気をつけてコミュニ

ケーションはしっかりとるようにしてください。

11 切り出し方を変えれば、難題でも部下は積極的に引き受けてくれる

命令をしても部下は動かない

ときには部下に、難題を引き受けてもらわなくてはならない場合もあります。

たとえば、営業で個人の目標は達成している部下に対して、チームのために売上げをもっと積み上げてほしい、納期を早めてほしい、週末のイベントを休日出勤して手伝ってほしいなど、いろいろあります。

これに関しては、私自身も苦労を重ねました。部下に命令口調で「業務だからやれ」と言ってやっていた時期もあります。

その結果、部下からの反発を生み、メンバーは惰性でしか動かないためパフォーマンスも悪くなり、チームは崩壊の道を辿りました。

部下が難題を引き受けない理由

そもそも、部下はなぜ難題を引き受けてくれないのでしょうか。その原因は主に3つあります。

①こういうときばかり調子がいい、と思われてしまう

普段からコミュニケーションをあまりとっていない、叱られてばかりの部下には、マイナスの承認が作用している可能性があります。仕事に対して、「言われたことしかやりたくない」と思っているかもしれません。

そのような状態で難題を頼むと、「普段は声をかけてこないのにこういうときに限って」と部下は思ってしまうのです。つまり、承認が不足しているのです。

②なぜ、その人にお願いするかという理由を明確にしていない

メンバー全員ではなく、特定の誰かに頼む場合、「なぜ、その人にお願いするのか」を話し、納得させる必要があります。

その場だけおだててやってもらおうとしても、日頃のマイナスの承認が大きければ、な

かなか動いてもらうことはできません。

③任せっぱなしで、フォローしてくれるか不安

責任だけをとらされるのではないか、とマイナスに考える部下もいます。これは、普段からの信頼関係が構築されていないからです。

部下との信頼関係を築いて難題を頼む

それでは、どうしたら難題を引き受けてもらえるかについてお話ししていきたいと思います。

①普段から信頼関係の貯金をしておく

「信頼関係を構築しておく」と言っても、どのようなことなのかを定義づけることは難しいかもしれません。

これは、普段からIメッセージなどを使って、「助かっている」「ありがとう」などの承認欲求を満たす言葉を送っておくのです。もちろん、言葉だけではなく、4章で述べるような態度や行動でも承認を示します。

そうすることで「返報性の原則」が働くのです。承認してもらっている上司に対しては、何か返さなくてはと思うわけです。だから、難題を引き受けてくれるのです。

②「君しかいない」というキラートークを使う

人は誰しも、「君しかいない」と限定されるとうれしく感じるものです。上司からこう言われたら、「期待されているのだな」と部下も感じます。その期待を裏切らないようにと、やはり「返報性の原則」が働くことになるのです。

ただし、このキラートークを使う場合にも注意点があります。事実に基づいて話さないと、おだてられていると感じ、何か裏があるのではないかと部下は感じるかもしれません。

たとえば、このように相手に頼みましょう。

「ここ数ヶ月は、君だけが数字を引っ張ってくれた」

「数々の顧客の売上げを大きく育てられるのは君しかいない」

まずは、その人の実績を話し、「どれだけ助かっているか」を、理由としてきちんと話したうえで頼むべきなのです。

難題を引き受けてもらっている上司は、権利を強く行使しているのではありません。なかにはそのよう方もいらっしゃるかもしれませんが、そのようなやり方ではチームは長続きしません。

普段から、承認をして信頼関係を構築していくことが大切ということです。**普段から部下の承認欲求を満たしていれば、部下は難題でもどんどん引き受けてくれるようになる**はずです。

私も、承認するマネジメント法に変えてからは、部下が難題を積極的に引き受けてくれるようになりました。

12 話題を変えたいときはここに注意しよう

話を聞くことも上司の仕事

何気ない会話や面談のときなど、上司が部下に言いたいこと、部下のほうから上司に相談したいことは、必ずしも同じではありません。

さらに、役割が違うだけ、とは言っても上司と部下だと力関係は上司のほうが強いので、つい上司が話したいことばかりになってしまいがちです。

部下としては、相談したいことが相談できず、消化不良に終わってしまうことも少なくありません。

確かに、上司から見れば話が稚拙で何を言っているかわからないと感じる部下がいるかもしれません。それでも、傾聴を意識して部下が満足いくまで聞くようにしましょう。途中で話を遮ってしまうと、部下の承認欲求を満たすことができません。

相手が話しているときに話題を変えたり、相手の話を盗まないように注意しましょう。上司部下にかかわらず、聞き手側が、途中で話を遮ったり、方向転換をしてはいけません。相手が話すことがなくなった、と感じてから話すようにしましょう。


そして、**ひとつの話題が完了したときは、「なるほどね」「ありがとう」「そういうことなんだ」などの承認ワードを使って締めくくり、「この話はもう大丈夫かな」と確認してから、「話は変わるのだけれど」と言って、新しい話題に入るようにしましょう。**

この確認をしないうちに、「ところでさあ」「これはいいとして、あの件は」などと話題を変えてしまうと、部下の信頼を失うことになります。

どうしても時間がなくなったときはその旨を伝えます。また話題が逸れてしまったときは「ちょっと戻っていいかな」と言って話題を戻します。

人は、自分の話を聞いてもらうことができると、それだけである程度承認欲求が満たされることになるため、できるだけ話を聞くようにしたいものです。

「我慢して部下の話を聞く」というのも上司の大切な仕事なのです。

今、話題になっていることから展開して話題を変えよう

ただ、そうは言っても上司は忙しいため、時間も限られています。そこで、**話題を変えたいときは「ちょっと質問していいかな」と、今話題になっていたことを水平展開していく**のがいいでしょう。

たとえば、大宮で開催するA建設が出展する10月のイベントの相談を部下から受けていたとします。その際、上司としてはB建設という会社の動向も気になって部下から聞きたいとします。

この場合、「A建設さんはそうなっているんだ。なるほどね。そういえば、B建設も来春のイベントには出展してくれるかもしれないって言っていたね。ちょっと教えてもらっていいかな」というようにするのです。すると、A建設の話から急にB建設の話に移って

も話を遮られたという感じはしないはずです。

話題を変えたいときは、「ところで」などをいきなり使うのではなく、「ちょっといいかな」と言って変えていくのがいいでしょう。

そうすれば、部下も話を遮られたとは感じないからです。

3章

この章のまとめ

まず自分がほめられ上手になろう

「私はこう思うよ！」のIメッセージでほめよう

第三者の前でほめる、本人のいないところでほめる、が効果的

ネガティブな報告をしてきたことを認める

「もったいない」は叱るときの便利ワード

短所の裏には長所がある！

声しか聞こえない「電話」は話の内容、声の表情に気をつける

返報性の原則をうまく使って難題に取り組ませる

4章
言葉以外でも承認しよう

1 相づちは逆効果になる場合もある

相づちは「話を聞いている」のサイン

相づちやうなずきは、相手の言っていることを「認めている」という意味であり、話し手の承認欲求を満たすものです。

以前、ある会社の研修に講師として行き、「2人1組になって、聞き手がいろいろな反応をする」というロープレをしました。その際、聞き手が話し手の目をじっと見ながら何もしない、うなずきも相づちもしないという場面で話をする側になったのですが、非常に辛かったことを覚えています。「こちらの目を見て無反応」は、非常に辛いものなのです。

部下からすると、この上司は「私を認めてくれていないんだな」と承認欲求を砕かれることになります。

相づちは、「相手の目を見る」以上の影響があるのです。

話し手は、聞き手が「きちんと聞いてくれている」という状態があって、初めて安心して会話に入ることができます。私はセミナーの講師をしていますが、聞き手が相づちを打ってくれるだけで、「聞いてもらっている」と承認欲求が満たされ、それだけで安心して話すことができます。

相手のスピードに合わせた相づちを

同じように、部下も上司の相づちによって自分の話をしっかり聞いてもらっていると思うことができると、「承認欲求」が満たされ、安心するのです。

そんな便利な「相づち」ですが、ただ相づちを打てばいいというわけではありません。やり方によっては、適当に聞き流されている、とマイナスの承認を与えてしまう可能性もあるので、注意が必要です。

具体的には、次の２つに注意しましょう。

①うなずく速度を相手に合わせる

心理学に「ペーシング」という用語があります。「ペーシング」とは、**相手とペースを合わせること**を言います。人は、それぞれ話すスピードも声の大きさも異なります。同じように、うなずきの速度も違うのです。

うなずきの速度も、話している相手に合わせるといいでしょう。相手に親近感を持ってもらうことができます。この場合、相手のあごに着目し、あごの動きに合わせるといいでしょう。

速くうなずいてしまうと、「話を早く終わらせてほしいのかな」と話し手も感じてしまうし、逆に遅いと、「本当に聞いてくれているのか」と思わせてしまいます。

私のかつての上司がそうでした。何かを相談しているときも、うなずいてはくれるのですが、非常に速いうなずきで、「今、忙しくて適当に聞き流している」という様子をありありと感じたものです。

一見、簡単なことのようですが、部下の承認欲求を砕き、信頼感を損ねる可能性があるため注意が必要です。

②相づちでは、同じ言葉を繰り返さない

相づちは、「あなたの言うことを聞いていますよ」という意味ですが、「はいはいはい」「えええええ」など、同じ言葉を繰り返してはいけません。3回以上、相づちを打つのは、否定の意味にとられます。

「分かったから、早く話を終わらせてほしい」「いちおう聞いておくけど、聞くだけだよ」という様子が相手に伝わってしまうことになります。話を軽んじられている、と部下も感じるでしょう。

上司がこれをやると、「聞いてやっている」という態度が明らかです。この上司は、話しても聞き流すから話してもムダ、と部下は「マイナスの承認」を感じるかもしれません。

そもそも、相づちは話している側の承認欲求を満たし、コミュニケーションを円滑にするためのものです。相づちはやり方を間違えなければ、相手の承認欲求を満たすものですが、くれぐれも、承認欲求を砕くようなやり方はしないように注意しましょう。

2 プラス効果のある座り方や姿勢

座る位置は部下に対して斜めになる位置にする

実は、座り方や姿勢でも部下の承認欲求が満たされるかどうかは変わってきます。

部下と一対一で話すときは、真正面に座るのは避けたほうがいいでしょう。アメリカの心理学者スティンザーによると、社内など、同じメンバーによる会議では、①反対意見を持っている人物は、その相手の正面に座る傾向がある。②発言者の正面に座った人物からは、賛成意見の次に反対意見が出やすい。③議長役のリーダーシップが弱いと、正面に座った人と私語がはじまり、強すぎると隣の人とのひそひそ話が増える、ということです。

これは、**「スティンザー効果」**と言われる心理学の法則ですが、部下と一対一で話すときは、部下の正面に座るのは避けたほうがいいでしょう。つい対決姿勢になってしまいがちだからです。

とくに、部下を叱るときは、正面に座るのは避けましょう。正面に座ると必要以上に興奮して、感情に任せて怒ってしまうかもしれないからです。

そうすると、隣に座るのがいいように思えるかもしれませんが、一対一で話すのに横に来るのはプライベートならまだしも、ビジネスではあまり好ましくありません。部下とは**90度の位置、あるいは部下に対して斜めの位置に座るのがベスト**なのです。

斜めの位置、相手と45度くらいの席だと、相手の縄張り、いわゆるパーソナルスペースに少し入り込んでいるという状態になって、相手と良好な関係を保つことができます。

さらに、私が実践して効果的だったのは、部下に上座である会議室の奥側に座ってもらうやり方です。こうすると、部下から「なめられる」「上下関係が保てない」と言う方がいるかもしれませんが、そうすることで「部下の承認欲求を砕くようなことはしないように」と、自分の心の中で言い聞かせることができます。

思わず怒鳴りたくなるときでも、自分自身の感情をコントロールすることができるのです。

椅子には深く腰かける

部下と話しているときは、たとえ忙しくても椅子に深く腰かけるようにしましょう。浅く腰かけていると、「時間がない」「早く切り上げたい」「形だけ聞いておこう」という態度と受けとられてしまうことになるからです。

私の以前の上司で、何か相談をすると「何？」と言って、椅子に浅く腰かけて座る人がいましたが、「忙しいのだろうな」と思い、こちらも話し辛かった記憶があります。部下は、こちらが思っている以上に上司を見ているものです。上司が部下を見抜くのに3年かかるのに、部下は上司を3日で見抜くという言う人がいるほどです。忙しい場合は、「今は忙しい」と言って、後で時間をとればいいのです。

目線を同じ高さにする

高い目線から話すと、上から威圧的に言っているという印象を与えます。逆に、自分が下からの目線の場合も、問題があります。

よくあるケースですが、上司が部下を自分のデスクに呼びつけて、部下を立たせたまま話をすることがあります。2章では、部下をリラックスさせるためには、部下のホームグラウンドである部下の席にこちらから行こう、と提案しました。

また、部下を立たせたまま話している上司は、それだけで叱りつけているような印象を与えるため、他のメンバーへの影響もよくありません。かと言って、目線を下からにすると、場合によっては対決姿勢に見えてしまうことがあります。部下が立っていたら、部下にも腰かけてもらう。**目線を同じにするだけでも、承認しているよ、という合図になる**のです。

3 常に笑顔がいいとは限らない

「笑顔」には危険も潜んでいる

人は、誰しも笑顔に弱いものです。一緒にいる人が笑顔だと、心が癒されたり、ほっとして自分も顔がほころんだりします。

ビジネスでもプライベートでも、人と接する際には常に笑顔を心がけているという人も多いでしょう。また、笑顔に勝るコミュニケーションはないという人もいます。誰しも、怖い顔の人よりも笑顔の人のほうがいいに決まっているし、笑顔の上司を見ているだけで、部下はほっとするものです。しかし、そんな万能選手である「笑顔」にも、実は危険が潜んでいるのです。

相手と一緒に怒り、悲しむことも「承認」となる

ここで、以前の私の職場でのエピソードをご紹介します。私はある部下に対して、いつも笑って「大丈夫ですよ」と言っていました。すると、あるときその部下が怒りだしたのです。

「吉田さんは、いつも大丈夫ですって笑っているけど、こちらは本当に心配なんですよ」

確かに、私は常に笑顔で、と思っていたので、いつも笑って対応していましたが、これではいけなかったのです。**部下にプラスの承認をするなら、感情まで共有しなくてはならない**のです。

腹が立つできごとが起きたら、一緒に怒り、相手が悲しんでいるときは一緒に悲しむべきなのです。

かつての私の上司春山さんは、一緒に営業に行って無理難題を押しつけられたら、「あんなことできないよな」と一緒に怒ってくれたし、大きな商談のコンペに勝てなかったときは、一緒に悔しがってくれました。

これは、部下にとって本当にうれしいものでした。感情を共有するということも、実は大事な承認のひとつなのです。

どんなシチュエーションでも常にニコニコしていると、「上司は、そこまで本気でないのだな」と感じてしまうかもしれません。

わがままな喜怒哀楽は問題ですが、相手に合わせて喜怒哀楽を見せるのは、ひとつの承認と言っていいでしょう。

4 声を変えると大きな効果がある

相手に合わせて、声の大きさ・スピード・高さを変える

メラビアンの法則にもあるように、「声」は人を判断する重要なファクターになります。

そもそも声なんて、生まれ持ったものだから変えられないと思う人がいるかもしれません。

確かに、歌手のような美声にすることは難しいかもしれません。しかし、表情と同じで、意識することによって、ある程度は変えることができるのです。

要は、相手に合わせて使い分けるのです。では、そのポイントをいくつか挙げていきましょう。

①声の大きさ

一般的に、声が大きい人は相手に威圧感を与え、小さければ自信がないように見えるものです。基本的に、声の大きさは相手に合わせるべきです。

声の大きな部下に対して、小さな声で対応すると押され気味になってしまいます。確かに「承認する」ことは大切ですが、なかにはこちらが何でも受け入れると勘違いして、とんでもない要求をしてくる部下が出てくるかもしれません。

ここで、私自身のエピソードを例にしてお話ししいたします。

私と同じ立場のマネージャーで金山さんという先輩がいました。この人は、会議で自分の主張を通そうと、いつも大きな声を出すのです。

あるとき、私の課に不利な意見を出してきました。理不尽な話なので、このような場合は全力で対抗しなければなりません。

ただ、最初から理詰めで落ち着いて話そうとしても、このタイプはこちらの言うことを聞きません。むしろ、勢いで潰しにきます。こういう人には、「おっしゃることもわかります」と、いったん意見は受け入れつつ、大きな声で切り返します。

このようなタイプの人には、多少無理をしてでも大きな声で接するべきなのです。こちらは普段、大きな声を出さないので、本人も周りも、「今回は本気で反対なのだな」と思ってくれるわけです。

逆に声の小さな人に対して、大きな声で接することはよくありません。それだけで、圧迫感を感じさせてしまいます。言葉では受け入れると言っても、実は本心ではないのかな、と思わせてしまうからです。声の小さな人には、こちらも小さな声で接するほうが安心感を与えることになるのです。

②声のスピード

何かを早口で話されると、それは軽い内容のように思われがちです。一方、ゆっくり話すと、それだけ重要度が伝わります。ただ、部下がテンポよく話しているのに、こちらがゆっくり話すと、話に乗り気ではないのかなと感じさせてしまい、マイナスの承認が作用し、部下のモチベーションを下げることになってしまいます。

気持ち程度ゆっくり話したほうが伝わりやすいのですが、やはり基本的には、部下の話すスピードに合わせるのがいいでしょう。

逆に、部下がゆっくり話す場合は、上司がゆっくり話すことによって、話を聞いてくれているんだな、と承認欲求が満たされることになります。

③声の高さ

こちらも、場面によって使い分けたいところです。

たとえば、大口顧客を獲得したり、表彰が決まったときなど、喜ぶときは高めの声がいいでしょう。逆に、部下から相談を受けたり、部下が失敗してしまったときは低い声のほうがいいでしょう。

ただ、声の高さを常に意識していたらたいへんなので、相手の喜怒哀楽に合わせるといったところでいいでしょう。

人は、心理的に自分と異質なものに対しては違和感を覚えるものです。逆に、自分と似たものに対しては、安心感を覚えます。それだけで「承認されている」という意識になるでしょう。少し意識するだけでも承認効果が出てくるので、ぜひ実践してみてください。

5 体全体で承認しよう

一目で伝わる承認のサイン

何度も出てきますが、メラビアンの法則にもあるように見た目は大切です。相手を「承認しているよ」というサインは体全体ですると、より効果的です。

ここで、私が行なっていた方法をいくつかご紹介していきます。

①アイコンタクト

まずは、しっかりと目線を合わせることです。「まじめに聞くよ」と相手を承認する意味で、目線は合わせましょう。上司であるあなたが目線を合わせないと、部下は「承認されていないのかな」と感じかねません。

ただ、見つめすぎても部下にとってはプレッシャーとなり、「蛇に睨まれたカエル」のように、何も言えなくなってしまう場合があります。そこで、「視線は合わせるけれど、見つめすぎない」という状態にしましょう。

具体的には、「だよね」「ですよね」と相づちを打つ際、「ね」を発声するタイミングで相手の目を見るといいでしょう。それ以外は、適度に視線をズラせて相手の首元あたりを見るようにします。

②体とあごの向きに気をつけよう

アイコンタクトをしっかりしようとして相手に顔は向けているものの、体は違うほうを向いている人がいます。その場合、「形式上聞いているだけなのかな」と思われてしまうかもしれません。

以前、私の上司で何かを相談しに行くと、体はそのままパソコンに向かっていて顔だけ振り返る人がいましたが、これでは「その場だけ対応する」というのが見え見えです。きちんと体ごと相手に向けるべきです。

③いいことがあったら、ハイタッチや握手をしよう

たとえば、部下が大口の新規顧客を獲得したり、社内で表彰されたときは、部下とハイタッチや握手をして、全身で喜びを表現するようにしましょう。不思議なことに、ハイタッチや握手など、ボディタッチをして上司が部下の成功を喜んでいると、部下は「上司はこまで喜んでくれている、私を見てくれているんだな」とプラスの承認を感じるのです。

言葉だけだと、感情がこもっていないように思われる場合があります。喜びをうまく表現できない人も、手を使って一緒に祝福すると、自然な喜びの表現になります。

ただし、異性に対してなど、場合によってはセクハラととられる場合もあります。その場合は、拍手をしたりガッツポーズをするといいでしょう。

この手の動きは、慣れるまでは照れくさく感じて、うまくできないものです。普段から、部下とを握手したり、小さな祝福、声がけを心がけておくとスムーズにできるようになるでしょう。

6 沈黙を有効活用しよう

沈黙を待つことも「承認」

沈黙は悪いことではありません。そう分かっていても、会話中に部下が沈黙しているとイライラして怒りたくなることがあるかもしれません。

以前の私も、部下が黙っていたら、「何を黙っているのだ」と矢継ぎ早に質問をし続けて、相手を圧迫していました。いわゆる詰問です。これをやってしまうと、部下は萎縮するだけです。

沈黙は上手く使えば、円滑なコミュニケーションになるのです。沈黙は、部下を承認するために身につけておきたいひとつのワザなのです。

そもそも、沈黙には次のような意味があるのです。

①自分の考えをまとめるための時間である

慎重なタイプの人は言葉を選ぶものです。いい加減なことは話したくないので、黙り込んでしっかりと考えるのです。その時間を我慢できずに自分が話してしまうのは、相手が考えているのを邪魔しているのと変わりません。

②どのように伝えればいいのかを考えている

部下から見て、上司は緊張する相手です。とくに、上司がすぐ怒るタイプの場合、部下は変なことを言ったら怒られるのではないかと考えてしまい、言葉を発するのに時間がかかったりします。

③決定的なことを言う前は沈黙する

人間は重い決断を下し、それを伝えるときには沈黙することが多いものです。この場合、相手の呼吸や動きにゆったりと合わせて待っていれば、相手も急かされているというプレッシャーを感じることはありません。相手は、じっくり考えをまとめてから話せるため、本音や真意を言いだしやすくなります。

これら3つにあるように、**沈黙は、実はコミュニケーションを円滑にするのに欠かせないもの**なのです。**沈黙にイライラする、怒るのではなく、じっと待つべき**なのです。待っことも上司の仕事のひとつという気持ちで沈黙をゆったり待つ、これだけでも「承認」といえるでしょう。

7 承認欲求を砕くような動作に注意しよう

気をつけたい3つの動作

知らず知らずのうちに、部下の承認欲求を砕くような動作をしてしまわないように注意しましょう。部下にへりくだる必要はありませんが、威圧感を出す必要はありません。話しかけづらいな、と部下に思わせないようにしましょう。

前にも書きましたが、メラビアンの法則で最も影響が大きいのは視覚情報、いわゆる見た目です。見た目で承認欲求を砕くケースもあるので、注意してください。

私が注意していた点をいくつか挙げてみましたので、参考にしてみてください。

①腕組みをしない

私が部下だった頃、腕を組んでいる上司と話すのはかなり苦手でした。こちらの意見をただ聞いているだけで、受け入れてくれていないのだな、と感じたものです。

私のセミナーで、腕を組んでいる相手に自己紹介をするというワークを行なっていますが、参加者によると、「聞いてやっている」という雰囲気で、話している側にとっては非常に辛いということです。

上司は部下の話を聞くとき、つい腕を組んでしまいがちですが、これは注意しましょう。この動作をするだけで、部下は「承認されていないのだな」と思ってしまうからです。

そのためには腕組みをやめ、「あなたの意見を聞き入れますよ」という態勢をとるといいでしょう。

なお、相手を受け入れているということを示す動作のひとつに、手のひらを上に向けるという動作があります。不自然にならない程度に、取り入れてみましょう。

②のけぞって座らない

威圧的に、のけぞり気味で座っていたのでは、部下の話を聞くというより、「聞いてやる」という感じが見え見えです。前のめりになって丁寧に耳を傾け、「積極的に聞くよ」

ということが伝わる傾聴姿勢を見せるべきでしょう。

③怒ったときに音を出さない

知らず知らずにやってしまう音出し、たとえば「ちぇ」と舌打ちしたり、机を叩く、大きな音を立ててドアを閉める、などです。

怒ったときに音を出すと、部下は確実に萎縮してしまいます。そのくらいで萎縮するなんて弱い部下だ、と思うかもしれません。しかし、部下を不要に萎縮させることは「怒られるくらいなら何もしなくていいや」というマイナスの承認を生じさせるだけです。

たとえ、上司であるあなたが怒っていなくても、普段からこのような腕組み、のけぞり気味に座る、大きな音を立てる、などのクセがある場合は注意が必要です。気をつけておきましょう。

4章 この章のまとめ

相づちできちんと聞いているこ とをアピール

相手に合わせて喜怒哀楽を出す

座るのは部下の斜め前がベスト

声の大きさ・スピード・高さは話し手に合わせて

目、手、ハイタッチ…体で承認を表わそう！

沈黙はコミュニケーションの潤滑剤と思い、じっと待つ

部下と話すときに、腕を組まない、のけぞらない

5章
チーム運営

1 上司は積極的に失敗談をさらけ出そう

完璧な人間などいない

自己開示して自分の失敗談をさらけ出す上司に対して、部下は「私を認めてくれているから話してくれたのだろう」と、プラスの承認を感じることでしょう。

そもそも、自分の武勇伝ばかりを語ったり、自分はデキる人間だと誇示する上司に部下はついて来ません。

私は、初めて主任という立場で部下を持ったとき、いかに部下になめられないか、威厳を持たせるかに力を入れていました。自信がないのを隠そうと、自分がいかにできる人間かをアピールしていましたが、部下には完全にそれを見抜かれていました。

むしろ、あくまで「俺もできていなかった」などと、以前のダメだった自分の状態を自己開示するほうがいいのです。そのうえで、「俺ができたんだから、君もできるよ」と部下を認めればいいのです。

そもそも、上司だって完璧な人間ではないし、部下のほうが優れている分野もあります。

また、前にも書きましたが、上司と部下はそもそも役割が違います。部下と競争するのではなく、部下が最大限のパフォーマンスを発揮できるように仕向けるのが上司の役割です。


たとえば、新規顧客獲得に悩んでいる部下と同行して飛び込み営業をしたとします。このとき、部下が門前払いをされたとしましょう。そのとき、「ああいう風に言われるとショックだよな。オレもあんな風に言われてモチベーションが落ちたよ」と言うのです。

私はかつて、こんなことを言ったこともあります。

「飛び込み営業で10件続けて門前払いをされたときは、ショックでその日はドトールで1時間うつむいてたよ」

このように、上司が部下の辛い立場をねぎらいながら、自分の失敗談を積極的にさらけ出すのです。そうすると部下も、「自分の失敗談を話してくれるなんて、この上司は私のことを認めてくれているのだな」と思うわけです。

なお、人は完璧なものよりも、ちょっと欠点があるものに惹かれるものです。これは「ツァイガルニック効果」と言われる心理法則が、上司部下の関係でも当てはまるものです。

あるとき部下から、「吉田さんは、失敗を隠さず話してくれるから、私のほうも安心して話せるのです」と言われたことがあります。威厳を示さなくてはならないと思っている上司からすれば、「なめられているのではないか」と思われるかもしれませんが、そうではないのです。わざと、意見を出しやすくしているのです。

先ほども書きましたが、自分でしっかり判断できる上司であれば、部下からなめられることはありません。

失敗談を活かしてチームの関係を深める

そもそも、上司と部下は上下関係というより、〝役割分担〟をしているのです。お互いに意見を出し合って、一緒に考えながら行動していくという関係です。このように、考え方を転換するようにしましょう。そうすると、チームも活性化します。部下は、認められているとわかれば、失敗しても挑戦しようという文化が生まれてくるのです。

失敗談をさらけ出し、本音でぶつかり合うとチームが一丸となります。お互いがよい方向へ向かうために、どうしようかと腹を割って話せるようになるのです。

本音で意見を出し合えるチームは強い組織です。チーム内に、お互いを承認する文化が生まれていれば、そのチームの強さは継続します。強引なやり方や恐怖政治で部下を動かして実績を上げても、なかなか続くものではありません。

馴れ合いではなく、失敗談を語り合う――現場での失敗は貴重なヒントとなります。そのヒントをたくさん共有して強いチームにするためにも、上司自ら**「承認し合う文化」をつくり出して、チーム内に浸透させていきましょう。**

2 インセンティブはこうすれば効果的

長期的にモチベーションを上げるものは給料ではない

給料は外的動機づけであり、目に見える形の承認としてうれしいものです。だからと言って、モチベーションを給料というインセンティブにだけ頼るのには限界があります。

ある会社の社長の言葉ですが、「給料を上げたときは喜んでいるけれど、3日もすればすっかり忘れている。期待を込めて上げた給料だったけど、さも当たり前のようにもらっている」そうです。私にも心当たりがあります。昇給しても上がった金額は次の月には当たり前のように感じるものです。

そもそも、給料はないと困るもので、それが十分でないと不満が出てきます。しかし、十分だからと言って満足感が継続するわけでも、動機づけられるわけでもありません。

給料は、一時的にモチベーションを高めますが、長期的にモチベーションを上げる承認ではないのです。

しかし、給料よりも高いインセンティブがあります。それは**「皆で喜びを共有し合う」**ことです。

「周囲から認められる喜びの共有」は、各々の存在の承認欲求を満たすことになるため、強力なのです。数字を高めて目標を達成し、その喜びを分かち合うのです。

目標を達成して喜びを共有する

具体的に、私がやったのは食事会でした。当初は、目標達成者に焼き肉をご馳走するというところからはじめました。「皆で食事に行く」というのは大きなインセンティブなのです。喜びを分かち合う場所というのは、大きなモチベーションにもなり得ます。

まれに、「食事に行くより、お金だけもらったほうがいい」と言うメンバーもいるようですが、これは本人か上司の組織運営方法に問題があると言えるでしょう。

私は毎月、その時々にフォーカスした目標を超えたメンバーに焼き肉をご馳走していましたが、あるときたったひとりを除いて全員が達成したことがありました。

そのときは、新規顧客の開拓件数を基準にしていたのですが、ひとりだけ2件足りなかったのです。本来は、彼を除いたメンバーで行くべきなのですが、そうすると、彼が他のメンバーから認められないという、マイナスの承認を抱く可能性があります。

そこで、考えた結果、彼には自腹で参加する権利を与えました。もちろん、ひとりだけ参加できないのはさびしいので、彼は喜んで参加しました。

本来は呼ばれるはずではないのに、上司が自分を呼んでくれたことに対して、申し訳ないと思ったそうです。次月、彼は新規開拓件数を大きく伸ばしました。

私のチームは3～4人のグループ、3組からなっていました。その後考えた結果、インセンティブとしての食事会は各グループの全員が目標を達成したときのみ参加で、誰かができなかった場合は、そのグループは全員参加できないということにしました。

ただし、達成できなかった場合の罰は与えません。すると「皆で喜びを分かち合う」のが楽しいのか、皆頑張ります。おかげで私の懐は痛みましたが、うれしい悲鳴です。

インセンティブは「喜びを共有できる」というテーマにするといいでしょう。

お金はあればうれしいものですが、「喜びを共有できる」ものではありません。人は誰かに喜んでもらうことを望んでおり、それが叶うと非常に喜ぶものです。なぜなら、喜んでくれた人に認めてもらったと思うことができるからです。

3 メンバーが積極的になれる会議の進め方

上司以外に進行役を任せる

会議の目的は、モチベーションアップと知識ノウハウの共有です。

ここでは、メンバーが積極的になれる会議の進め方で私が実践していたものをご紹介します。

通常、進行役は上司自身が行なうことが多いのですが、できれば「上司以外」が担当するといいでしょう。持ち回り制で、新人や若年層のメンバーにも進行役になってもらいます。

進行役をやってもらうことで、部下としてはチームの状況や課題を把握しなければならなくなります。その結果、「当事者意識」が芽生えることになります。

また、積極的な部下なら、任せてもらったことで「承認欲求」が満たされ、モチベーションが高まるでしょう。

特定の人の意見ばかりにならないように配慮する

会議の場合、往々にして、声が大きい人の意見ばかりが通ってしまいがちです。また、年配の人や役職が上の人の意見に対しては、反対意見や突っ込んだ意見を言いにくいという雰囲気もあります。その結果、いつも同じ人ばかりが話してしまう場合が少なくありません。これは問題です。

同じ人ばかりが話をしている会議では、あまり発言をしない参加者の当事者意識が低くなってしまうのです。

若年層や意見の言いにくい人にとってみれば、「どうせ、通らないだろう」とマイナスの承認を感じてしまうのです。

そこで、誰か同じ人ばかりが話していたら、上司はそれを止めなければなりません。その他にももちろん、メンバーを個人攻撃する人がいたら、上司、ナンバー2などチームを見渡す役割の人が止めるようにします。意見に偏りがないか、特定の人ばかりが発言していないか、参加者が十分発言しているかに気をつけて、参加者全員の意見が吸い上げられるように配慮しましょう。

進行役はメンバーに任せていても、上司は意味のあるミーティングになるように常に注意しておく必要があります。

部下に講師をさせる

チーム内のミーティングなどで、何かテーマを決めて講義、説明などをすることもあるかと思います。私も若手の頃そうでしたが、講師を任されると、「上司が認めてくれているんだ」と承認欲求が満たされ、モチベーションがも上がったものです。

この場合もちろん、部下のやり方に沿った後方支援はします。ただ、任せているのに全否定したり、必要以上に細かく言及してはいけません。

たった10分間でいいので、部下に講師をさせる機会をつくりましょう。人に教えることは、「教わる」ことよりもはるかに勉強になります。なぜなら、きちんと理解していないと、人には伝えられないからです。

ただし、注意点があります。講師である部下の欠点だけを指摘して、さらし者にしてはなりません。それだったら、講師など任せないほうがいいでしょう。

講師である部下のレクチャーは、上司であるあなたにとっては当然物足りないものでしょう。経験も知識も違うため、これは仕方がありません。しかし、そこを認めて最後まで講義をさせるのです。フィードバックはその後にしましょう。

4 ミーティングの時間と場所はこうする

どうせやるなら、最も効果的なミーティングを

ミーティングの時間帯については多種多様な考え方がありますが、多いのは月曜日の午前中ではないでしょうか。

週の初めにエンジンをかけるためにやる、そもそも月曜日の午前中は社外のアポが取りにくいといった理由からだと思います。

しかし私は、個人的に月曜日の午前中はあまり好ましくないと感じています。まず、月曜日の午前中というフレッシュな時間帯をミーティングにあててしまうと、後々の集中力がそがれてしまうからです。

承認体質をチームに浸透させていればそういうことはあまりないかもしれませんが、否定や個人攻撃で、週の始まりから部下をネガティブな気持ちにさせては台無しです。

どうしても、月曜日の午前中にミーティングをしたいのなら、立ったまま行なうことを

おすすめします。立ったままなら、皆早く終わらせたいと思うため、スピーディーに士気を高め合うだけで終わるでしょう。

そもそも、お互いをきちんと承認し合っていれば、普段から士気は高め合っていくことができます。

月曜日の午前中は、休み明けで頭も一番冴えているため、もっとクリエイティブなことに使いたいものです。

もうひとつ、月曜日のミーティングを午前中にやってしまうと、仮に生産的なミーティングになったとしても、その後ほっとして皆でランチに行こうかという雰囲気になり、ダラダラと過ごしてしまう場合があります。

月曜日の午前中と並んでよくあるのが金曜日の午後のミーティングですが、これも個人的にはあまり好ましくないと思います。

確かに、月曜日の午前中と同じで、金曜日の午後は仕事も少し余裕があるかもしれません。また、その週の締めくくりという意味もあるのでしょう。

ただ、金曜日の午後にミーティングをしてしまうと、出てきたアイデアや改善点をすぐに試すことができないという欠点があります。

会議の座席

また、週末を挟んでしまうと、せっかくの内容も忘れてしまいます。仮に、その場で議事録をつくって回しても、週末で気持ちも冷めてしまうでしょう。

そうなると、**一番いいのは木曜日の午後、もしくは夕方前**ということになります。木曜日の午後なら、そこで話したことを金曜日に実践することができます。

許されるなら、たまにはカフェなど外でミーティングをするのもいいでしょう。普段とは環境が変わって新鮮な気持ちになり、活発な意見が出てくるに違いありません。

意見が出やすい座席順

また、私が理想とする会議の座り方について触れたいと思います。

通常は、上座に上司が座ると思いますが、私はそうしませんでした。上司が上座に座ると厳粛な感じがして、意見が活発に出て来なくなりやすいからです。私がとった席順をここでお話しします。仮にチームの人数をここでは8人とします。

この場合、通常は上座で中央の①に上司が座りますが、そこに上司が座ると、重い雰囲気の会議になって活発化しにくくなってしまいます。緊急に何かを伝えるための会議でないなら、上司はそこに座るべきではありません。

まず、①には司会役が座ります。次に⑤にナンバー2が座ります。⑤に座ると後ろ側から全体が見渡せるからです。ナンバー3的存在の人がいれば、その人は②か⑧に座ります。

なお、上司は③か⑦に座るといいでしょう。できるだけ、あまり積極的に発言しないメンバーや若年層で意見が言いづらそうな人の隣に座るようにします。

3章でも書きましたが、スティンザーの法則によると、横の人同士は対立しにくくなります。したがって、横に上司が来ると、メンバーがリラックスして意見が言いやすくなるからです。また、上司が近くにいることで多少の緊張感も出て、全員参画型の会議になります。

5 メンバー同士のこじれにはこう対応しよう

上司は、チーム内の揉め事から目をそらしてはならない

部下同士の人間関係は、必ずしもスムーズにいくわけではありません。

以前、後輩マネージャーから相談を受けたことがありました。「うちのチームの田村さんと西野君が対立してたいへんなんですよ」ということです。

「で、どうするの?」と聞いたところ、メンバー同士の人間関係にまで入り込むのはどうかなと思っています」という答えでした。ここで私は、「そっとしておくと傷口が広がるだけだよ」とアドバイスしました。

雰囲気の悪いチームはたいてい業績もよくありません。メンバーが一丸となって頑張ろうという気持ちになれないからです。

そもそも、個々にすべてを任せるのだったら、上司の存在価値はなくなってしまいます。上司はチームの揉め事から目をそらしてはなりません。むしろ、チームにいざこざを起こ

している責任は、チームの長である上司にもあるからです。
何より、人間関係の修復を当事者だけで行なうことは、難しいからです。

お互いの立場から問題を考える

事の発端は、先輩である田村さんが飲み会の席で「成績がいいからといって、調子に乗るなよ」と西野君の胸ぐらをつかんだことでした。

田村さんは古株で、社歴も西野君より5年以上長い人でした。ただ成績は中の上で、トップセールスマンという域には入らないタイプです。

一方の西野君は転職2年目ですが、1年目から新規獲得件数がかなり多く、目標もずっと達成してきています。田村さんの売上げを抜くのは時間の問題、といったところでした。

ただ、「実力がすべて」という考えで、周囲から生意気だと思われているようです。普段から、態度が大きいと感じている人も少なからずいます。この場合、修復するにしてもどちらか片方に偏って味方をしてはなりません。上司は、お互いの立場から考えなければならないのです。

田村さんは、確かに古株でパフォーマンスも抜群にいいというわけではありません。しかも、年上で、後輩マネージャー自身にとっても使いづらい部下かもしれません。しかし、それは上司が田村さんを承認して、上手く活かせていないからです。

田村さんを、普段から上司が認めて声をかけていれば、後輩に対して不満を抱かせることはないはずです。遠ざければ遠ざけるほど、田村さんはいい方向には進みません。

西野君は成績は上げていますが、やはり生意気な部分は慎むべきです。ビジネスの世界、今がいいからといってずっといいとは限りません。悪い状態になったとき、苦労します。西野君が調子に乗ってしまったのには、少なからず上司の影響があるでしょう。この点については、きちんと教育するべきです。

しかし、頭ごなしに叱ったのでは、西野君はモチベーションを失って悪い方向にいってしまうかもしれません。**認めるところは認めて、直すべきところは直させる**のです。

そこで、マネージャーは修復に入るべきなのですが、この場合それぞれと個別に話すのはよくありません。

田村さんの前で、西野君は問題あるからなと同調して、西野君の前で田村さんは問題があるからなと同調するのは最悪です。このマネージャーは、本人がいないところで口裏を合わせる、といって誰からも信用されなくなります。それぞれの前では、この件は一切話さないようにします。２人を呼び出して３人で話すのです。３人で話し、お互いに「そういうことだったのか」と和解させるのです。そうすれば、人間関係の修復はできるでしょう。

6 チームを機能させるナンバー2育成術

ナンバー2を育てて承認の連鎖をつくる

業績のいいチームには、必ずと言っていいほど有能なナンバー２がいます。１章でも述べましたが、そもそも、上司と部下は役割が異なります。だからこそ、分かり合えない部分もあるのです。また、そこが上司のストレスにもなります。

その、**なかなか分かり合えない両者を橋渡しするのがナンバー2**なのです。

また、上司はいつまでもそのチームの長でいるとは限りません。別の部署に異動することもあれば、さらに上級管理職に昇格して、そのチームから離れることがあるかもしれません。ナンバー２は、チームをまとめる意味でも、自分の後継者を育成する意味でも必要なのです。

私は、今まで優秀だった営業マンが、上司になったとたん苦労するのを見てきましたが、これは正式に上司になる前に、ナンバー2として少しでもマネジメントに近い経験を積んでいたら、もっと上手くいったのではないか、と思うことがありました。

上司がナンバー2の承認欲求を満たし、承認される喜びを知ったナンバー2が、さらにメンバーを承認する……。このような承認のループができていると、いざ自分が上司になったときにも、スムーズにチームをまとめていくことができるのです。

ただ、「ナンバー2」とは言っても、選ぶのには注意が必要です。ナンバー2的な役割にふさわしくない人を任命してしまうと、チームが機能しなくなるからです。また、上司とナンバー2の対立も避けなくてはなりません。

どんな人物をナンバー2にするか

それでは、ナンバー2を選ぶ際の注意点を挙げていきます。

①違うタイプを選ぶ

上司とナンバー2が対立してチームが機能しなくなる要因として、2人が同じタイプ、ということがあります。チームをうまくまわすには、お互いが補完し合う必要があります。先頭に立って指揮をとりたい上司の下のナンバー2としては、〝縁の下の力持ち〟的な人が合っているし、考えるよりも行動するタイプの上司の下のナンバー2には、論理的に考えるタイプの人がなるといいでしょう。なお、**大切なのは上司がナンバー2を承認すること**です。

もちろん、異なるタイプ同士が組んでチームを引っ張っていくと、意見が対立することも多くなります。最初のうちはいいのですが、ときにはナンバー2の存在が煩わしく感じることもあるかもしれないので、意識的に承認することが必要です。

②いきなり若手を起用しない

ナンバー2を、いきなり若手や経験の浅い人に起用することは、できれば避けたほうがいいでしょう。もちろん、若手でも実績を上げた人をナンバー2にするのは構いません。しかし根拠なく、上司の心ひとつで決めてしまった場合、他のメンバーから承認もされず、ナンバー2の部下本人が辛い思いをするだけだからです。

そもそも、メンバーは上司から承認される以上に、他のメンバーから認められなくなることを恐れます。何であいつがナンバー2なんだ、と非難されることを恐れるのです。そのような軋轢が生まれることは当然、チームにとってもいいことではありません。

ナンバー2的な役割に、まだそれにふさわしくない人を任命してしまうと、上司とその他のメンバーの橋渡しができなくなり、チームが機能しなくなります。ナンバー2を置くこと自体が無意味になってしまうのです。

伸び盛りで、将来のリーダーとして期待しているが、実績がまだ、という若手に対しては、ナンバー2と並列的な他のポストを用意することで承認するのがいいでしょう。

③自分よりも、チームを優先させる人を選ぶ

ナンバー2には、スキルや目標達成能力はもちろん、自分が持っている力のすべてを、メンバーのために使おうとする人を選ぶべきです。つまり、利他の精神が強い人を選ぶべきでしょう。

なお、ナンバー2は非常に厳しい業務です。公式にポジションを与えて、役職手当などが出るなら別ですが、そうでないことがほとんどです。

したがって、上司はナンバー2を優遇するべきです。そのためには、以下の点をとくに留意しましょう。

・ナンバー2をメンバーの前で批判しない

これをやってしまうと、ナンバー2の承認欲求が砕かれ、機能しなくなってしまいます。

・ナンバー2とは、議題のない打ち合わせを定期的に行なうようにする

短い時間でもいいので、ちょっとした変化をたずねるようにしましょう。日頃、ナンバー2はメンバーと同じ仕事をしています。上司であるあなたは気づかないけれど、ナンバー2だからこそ気がつくことがあるからです。

5章 この章のまとめ

喜びを共有して
モチベーションアップ！

完璧より、**親近感の**
ある上司になって
意見の出しやすい
チームに

会議の進行役・講師は
持ち回りで全員に参加させる

ミーティングは
木曜の午後に
行なおう！

揉め事は
当事者全員を
同席させて
話を聞く

チーム内にナンバー2を育てて
承認の連鎖をつくろう

6章
困った部下はこう承認しよう

1 ほめるところがない部下

視点を高く持ちすぎない（当たり前のことをほめる）

ほめることで、部下の承認欲求は満たされます。
ただ、そうは言っても、成績が低迷していたり、失敗ばかりしている部下に対しては、ほめるところなんてない、と思われるかもしれません。そのような部下に対して、気をつけたいポイントを挙げます。

そもそも、上司であるあなたは、高い視点で物事を見すぎているのかもしれません。あなたは、上司になるくらいなので、経験も知識も豊富なはずです。もちろん、実績も上げていることでしょう。

しかしここで、自分が新入社員や2年目くらいの若手社員だった頃のことを思い出してみましょう。

その頃、あなたはそんなにデキる人だったでしょうか。なかには、デキる人だったという人がいるかもしれません。

しかし、そんな方はそれほど多くはないのではないでしょうか。私なんか、部下を怒ろうとして、ふと我に返ると自分はそんなできていたかな、と思うことが多々ありました。

自分が新入社員だった頃を思い出してみると、どんな部下でも十分ほめるに値するところが見つかるのではないでしょうか。必ず、ひとつは得意技や、強みが見つかるはずです。そこに注目してほめるようにしましょう。

たとえば営業で言うと、若年層のメンバーはパソコンが得意で上司にはわからない操作やトラブルに対応できる、誰よりも訪問件数が多い、挨拶が気持ちよい、笑顔がいい、など何かしらあるはずです。なかなか目につかない裏方的な業務まで見ていけば、必ず何か見つかるはずです。それでも見つからないという方は、目線を思い切り下げてください。

「こんなことをほめても仕方がないよ」と思う内容でも構いません。

毎日必ず日報を提出している、集合の10分前には必ず着いている、など社会人としては常識と思えることも切り捨てずに、ほめる材料にしてください。

あなたには当たり前に思えることも、部下本人にとってはほめるに値する内容であることも少なくないのです。

成長をほめる

営業や販売の仕事などでは、業績が判断基準になることが多いものです。業績不振の部下に対しては、「何で業績を上げられないんだよ」と、つい悪い部分にフォーカスしてしまいがちです。そもそも、人間は普通にしていると、よいところよりも悪いところのほうが見えてしまうものだからです。しかし、意識してよい部分を探すようにしてください。たとえば営業で言えば、新規顧客獲得件数、リピート率など、何でもいいのです。平均以下でも目標未達成でも、前年同月、前年と比べて伸びていれば、ほめる材料のひとつになります。

具体的な数字としてほめることが見つからなければ、業務内容で構いません。

「入社して1年、佐藤君はパワーポイントがかなり上達したね」

「前回はクロージングで『どうしますか?』としか言えなかったのが、『二者択一』で選んでもらえるように案を提案できていたね」

このように、改善できている点を具体的にほめるようにしましょう。

可能性をほめる

成長している部分を見出せなかった場合は、可能性をほめるようにしましょう。自分のことを引き合いに出して、「僕が佐藤君の年齢では、ここまでできていなかったよ、これからが楽しみだね」「このように考えていなかったよ」と言って、将来性をほめてあげるのです。

可能性をほめる際のポイントとしては、Ｉメッセージを使うことです。Ｉメッセージなら、お世辞にも取られにくいので効果は抜群です。

2　ミスを繰り返す部下

ミスを叱るときに気をつけたい3つのポイント

かつての私の部下で、ミスを繰り返す人がいました。そのとき、自分がミスを繰り返していた時代を振り返り、あることに気がつきました。私は、当時の私の上司と同じことをしていたのです。
具体的には、次のようにしていました。

①「なぜ、失敗したのか」と失敗の理由を追及する

一見、これは必要なことのように思われますが、聞き手である部下にとっては、詰問にしか感じられません。失敗した原因の焦点を部下に当てていることも問題です。

失敗した原因を、部下本人に焦点を当てるのではなく、**できなかった要因は何か、どうしたらできるようになるか**とモノ・事象に焦点を合わせるようにしましょう。

本人を追及するやり方では、部下も失敗を恐れて何もできなくなってしまいます。そもそも、失敗は避けることのできないものですが、同時に失敗は成長につながるものでもあります。そのためにも、必要以上に悩ませてしまうことは、逆効果にしかなりません。

②マイナスのレッテルを貼る

ミスの多い部下には、それなりの自覚があるはずです。それを、必要以上に上司がレッテルを貼ってしまうと、部下自身のモチベーションを下げ、自分のことを「ダメな奴だ」と決めつけるだけで、生産性まで下げてしまうことがあります。

上司の仕事は、部下にダメ出しをすることではありません。部下を認めていい方向へ導き、業績を達成すること、部下を育成することであるはずです。マイナスのレッテルを貼られて、よくなる部下はほとんどいないでしょう。

私は以前、ミスしたこととその人物を常に結びつけて考えていたのです。ミスをしたこととその人物は、一度注意したら切り離して考えるべきです。

部下にマイナスのレッテルを貼りそうになったら、「そもそも、自分はそんなにできていただろうか」と自問自答してみましょう。

もうひとつ、どうしてもマイナスのレッテルを貼ってしまいがちな人は、部下の長所を書いてある部下ノート（1章参照）を作成して、目を通すようにしましょう。

③小さなミスでも騒ぐ

私の先輩で、部下や後輩のミスを見つけては必要以上に大騒ぎをする人がいました。

また、小さなミスでも細かく指摘する人がいます。それは間違っていないと思います。きちんと正さなければならないからです。

しかし、それは相手にまずプラスの承認をして、小さく指摘すればいいのです。「報告書ありがとう。ここの字が違っていたから直したよ」でいいのです。それを、いきなり

「違っているよ」と大声を出したら、誰でも嫌になってしまいます。

むしろ、小さく教えてもらったほうが部下には伝わるでしょう。「上司に悪いことしたな」とより慎重になるに違いありません。人間である以上、ミスはゼロにはできないし、したくてミスをしているわけではないからです。

相手を受け入れて、ミスの本質を探る

そのミスは、もしかすると発生しやすい要因があり、克服できるものかもしれません。「人」ではなく、モノや事象にフォーカスしていけば、本質的な要因が見つかり、解決に導けるかもしれません。そのためには、まずは相手を受け入れて、情報を出してもらうようにしましょう。

3 成績優秀で気が強い部下

ほめるときは第三者を通して

実は成績が優秀な人ほど、普段ほめられないさびしさを味わっているものです。そもそも会社も上司も、自分が思っている以上に、気づかないうちに成績優秀な部下に依存しています。

私が所属していた会社に、佐々木さんというトップセールスの先輩がいました。常にトップの成績を上げる、誰もが羨む存在でした。ただ親分肌で、聞かれたら教えるものの自分からは教えない、というポリシーを持っていました。

私が、上司としてあるべき姿を見習った、中村さんという方が途中でその方の上司になりました。前の上司の山森さんは佐々木さんと対立して、チームをマネジメントしづらくなってしまい、退社してしまいました。

そもそも、トップセールスマンは直接ほめてもあまり喜ぶことはありません。

また、「俺が成績を上げているから、お世辞でほめているのだろう」と訝しがったりします。それを知っていた後任の中村さんは、ある作戦に出ます。

中村さんは、ひたすら佐々木さんをほめることに徹したのですが、その手段として、第三者である部下を使うようにしたのです。

そうしているうちに、「中村さんが佐々木流を学べ」「佐々木さんにはいつもチームを引っ張ってもらっている。佐々木さんに営業同行して勉強したほうがいいって、中村さんに言われるんですよ」と次々にメンバーが言ってきます。

このように言われた佐々木さんは、うれしく思わないはずがありません。第三者を介して言われると、直接言われる以上に、より承認されている感じを受けるからです。

部下に教わる

さらに、中村さんは佐々木さんと2人になったとき、自分にはここが足りないから佐々木さんに教えてほしいと頼んだ、困ったことを相談したのです。佐々木さんからすると、「俺は、大切な存在と認められているのだな」と思うわけです。

一方、別のメンバーには「佐々木さんには本当に助かっているよ。俺ひとりじゃチームはまとめられないからな。業績もいいし、チームもまとめてくれるし」と、その場にいない佐々木さんをほめまくりました。

３章でもお話ししましたが、本人のいないところで話していることは、必ず本人に伝わります。陰で悪く言っていたのではなく、陰でほめるなど、第三者を経由した承認は、より効果が高まります。

佐々木さんは、中村さんのために頑張ろうという思いをより強くしてさらに成績を上げ、後輩の指導までするようになったそうです。

トップであることが当たり前ではない

また、ほとんどの場合、トップセールスマンはほめてもらうことがなく、成績が少し落ち込むだけで、「どうしたの？」などと声をかけられます。いいときはほめられずに、悪くなると指摘される。これではたまったものではありません。

おまけに、成績トップの人は「できて当たり前」「彼は、もともと営業に向いているから」などと、あたかも素質だけでトップをとっているように言われることがあります。私も、今まで何人も営業成績や販売成績トップの人を見てきましたが、誰もが、見えないところで相当な努力をされていました。

そのプロセスや努力にもフォーカスして、それを認めるようにしましょう。

4 言われたことしかしない部下

原因は、部下だけにあるのではない

言われたことしかやらない部下がいます。上司から見るとなかなか成長せず、じれったい気持ちになることがあります。やる気のない部下の中には、定時の間だけ最低限の仕事をすればいいと考える部下もいます。しかし、それは部下の側だけに原因があるのでしょうか？

どんな部下も新入社員だった時代、この会社で頑張ろうと思った動機があるはずです。そもそも、何も魅力がなければ入社してこないはずだからです。実は、上司の影響で、言われたことしかしなくなっている部下もいるのです。

分からなくても質問ができない、頑張っても承認されないから、と部下のやる気がなくなっている場合は、上司の側に原因があります。

分からなくても質問できない

部下が質問しづらい雰囲気を、上司が出しているケースです。

私の部下の江本君は、言われたことしかしない部下でした。あるとき、こんなできごとがありました。ある資料を、午後の会議に備えてプリントしておいてほしいと、彼にメールをしました。資料は5枚ありました。彼は言われた通りに準備してくれたのですが、何とホッチキスで綴じていなかったのです。

「綴じておいてよ」と指摘したところ、「えっ。吉田さんはコピーしておいてとしか言わなかったじゃないですか」と返してきます。「そんなの、言わなくてもやってくれると思うだろ」と返しましたが、彼は、さらに反論します。

どうも、前の上司が書類はホッチキスで綴じるのではなく、すぐばらせるようにクリップ留めしろと言っていたようです。なるほどな、と思いました。

彼は、ホッチキスを使うかクリップを使うか分からず、不安だったのでしょう。それならば、聞くべきだと私は彼に言いましたが、「そんなことを聞いたら怒られるのではないか」と思って聞けなかったそうです。

この場合、部下の江本君でなく、上司の私に責任があったのです。きちんとホッチキスで綴じるところまで伝えるべきだったのです。あるいは、普段から質問しやすい雰囲気をつくっておくべきだったのです。

部下も、承認欲求を満たしてくれている上司になら質問もしやすいはずです。ですからどんな些細な、人に聞くまでもないような質問であっても、怒って相手を否定しないことが大切です。

部下に聞くと、どうやら前の上司は何かを聞くと、「そんなことも分からないのか」と怒るばかりだったようです。だから、マイナスの承認を恐れて質問をしなくなったのだそうです。

必要以上に頑張っても承認されない

西村君という部下は、新規顧客を毎月8件以上獲得することができませんでした。なぜなら、チームの毎月の目標が7件だったからだそうです。

他のメンバーの中には、チームの目標の手助けをしたいという気持ちで10件、ないし12件くらい獲得してくれる人もいましたが、彼は最低の件数で止めていたのです。チームを率いる私からすると、当然もっとやってほしいという気持ちがあります。

彼の成績は、チーム内で真ん中くらいでした。毎月の定例の面談で彼にこう質問しました。「西村君は、新規獲得に対して少し余力を残していないかな?」と聞いたのです。すると彼は、「そんなことないですよ。だって私は、毎月7件獲得しているではないですか。目標も達成しているし、それ以上は獲得しても意味がないじゃないですか」と返してきました。

これが、降格人事を味わう前の私なら、「何を言ってるんだ。会社のため、チームのためだろう」と思い切り怒るのですが、あえてそこは抑えて、「確かにな」とまずは返します。

その後、どう返せばいいかを考えたときに思い出しました。実は、6ヶ月連続で毎月7件以上の新規顧客獲得をしたのはトップセールスマンのA君と彼だけだったのです。トップセールスマンのA君については常々ほめていますが、そのことで西村君をほめたことはありませんでした。そうなのです。私は、彼を承認していなかったのです。沈黙の後、彼に返します。

「そういえば、新規獲得で毎月7件以上って、Aリーダーと西村君だけだったよね」

他のメンバーはある月は13件獲得したものの、次月は4件など安定しなかったのです。それに比べて、彼はぎりぎりとはいえ、毎月目標をクリアしていました。それなのに、毎月安定して新規獲得に取り組んでいたことを評価していなかったのです。

そこで、彼にこう話します。

「西村君が8件目以上を獲得することによって、新規の大切さをメンバーに伝えてもらいたいんだよ。だから、チームのリカバリーの積み上げを頼めないかな」

ここで、彼から思いがけない言葉が出ました。自分の存在を承認されたと感じ取ってくれたのでしょう。「やりましょう。新規獲得は大切ですからね」そう言って翌日、彼は2件の新規顧客を獲得してきてくれたのです。このように、上司しだいで部下は変わります。承認欲求を満たすことができれば、部下は積極的になるのです。

5 大きな失敗をしてしまった部下

たとえ失敗しても、挑戦したことをほめる

失敗の内容にもよりますが、挑戦したことを叱ってしまうと逆効果になりかねません。挑戦したことを認めずに責めるような文化になってしまうと、失敗して怒られるなら何もしないでおこうというマイナスの承認が作用してしまいます。

場合によっては、「何もしない人」が「挑戦した人」よりも高い評価を受けてしまうこともあるようです。これでは、組織は停滞してしまいます。

以前、私の隣の課の上司が、「そんなことはやめておけ。失敗したら評価が下がるだけだよ」と言っているのを聞きましたが、実はこの言葉は、部下にとって非常に精神的に苦

しいものです。

人間は自発的に何かをやりたいと思う生き物です。自発的に何もできず、制限だけをかけられてしまうと、やる気をなくしてしまうのです。

このような、挑戦することをよしとしない組織は、いずれ滅びていきます。その上司も、結果的には失脚して、会社を去ることになってしまいました。


そもそも、挑戦を否定するような上司は存在価値がないと言っても過言ではありません。日々、何もしなくても情勢は変化しています。したがって、挑戦しないことは衰退を意味しているのです。失敗した本人は、したくてしているわけではありません。

本人を責めるのではなく、起こった「こと」を考える

そこで、大きな失敗をしてしまった部下に対しては、報告を受けたらまずは「挑戦したこと」を認めるようにしましょう。

そのうえで、どの部分に問題があったのかを一緒に考えるスタイルをとります。この場合、聞き方も問題になってきます。**「なぜ」ではなく、「何」に焦点をあてる**ようにしましょう。

「なぜ」は、失敗した本人を対象としているのに対して、「何」は起きてしまったそのこと自体が対象になっています。それに「なぜ」は問いかけではなく、詰問です。それよりも、未来に志向を向けさせるためにも、「何」に着目させるようにしましょう。

× なぜ失敗したんだ？
× どうして上手くいかなかったの？
　　　↓
○ 上手くいかなかった要因として何があるだろう？
○ 何を改善すれば上手くいくのだろうか？

このような言い換えだけでもかなり変わるはずです。詰問のように感じることなく、部下は話しやすくなります。

周囲の批判から部下を守る

私も、大きな失敗をした経験がありますが、そのときはちょっとしたことでも自分のことを言われているのかと気になったものだし、周囲からは腫れ物に触るような扱い方をされ、辛い孤独を味わった経験があります。

部下が大きな失敗をしてしまったときこそ、リーダーは「承認している」というサインを、いつも以上に強く出すべきです。

また、大きな失敗をした場合、状況によっては他のメンバーの話題になりがちで、何もしない人に限ってその失敗を批判することがあります。上司は、それを許してはいけません。部下を守らなければならないのです。

部下が挑戦したのは、会社のため、チームのためなのです。それなのに、部下を批判にさらしたのでは、挑戦する人はいなくなってしまいます。

確かに、失敗した要因をきちんと分析し、次回以降に役立てなければなりません。しかし、きちんと分析したら、後は実行するのみです。上司も、小言を言う必要はありません。むしろ、何もなかったかのように改善に向けて行動していくのみです。つまり、きちんと分析して、後は実行するのみなのです。

本人は、不必要な他人からの批判を受ける必要はありません。そうでなくても、失敗した部下はショックを受けています。これがきっかけで、挑戦することは報われない、と感じさせてはならないのです。

そもそも、新しいことに挑戦するのだから、本人の意欲は高いはずです。そんな部下のモチベーションを、ひとつの失敗くらいで下げてしまうことは大きな損失です。
本人の気持ちも落ちているし、このようなときこそ、「挑戦したことを承認する」という意識を強く持つべきです。

6 何でも自分勝手に進めてしまう部下

相談してこない原因は、自分にあるのかもしれない

組織である以上、ひとりで何でもしてしまう人に対しては注意が必要です。人に頼らず、自発的に仕事を進めていくことはすばらしいのですが、方向性が間違ってしまうと、その行動自体が無駄になってしまう場合があるからです。

私は一時期、怖い上司に否定されてばかりいて、それが嫌で資料を自分ひとりで作成していました。

あるとき、三日三晩かけてつくり上げた企画書に対して、思い切りダメ出しをされたこ

とがありました。20ページある図表、データ満載の豪華なカラーの企画書で自信があっただけに、非常に悔しい思いをしました。

上司に見せたとたん、ひと言「やり直し。話にならない」とダメ出しをされたのです。顧客のほしい情報がなく、自分よがりの恥ずかしい企画書だったので、今思えば仕方がないことだったのかもしれません。

しかし、ショックでした。一所懸命いいと思ってつくったものを一瞬でダメ出しされる。一所懸命やっていることが報われない、マイナスの承認を感じました。これほどきついことはありません。

途方に暮れた私は、先輩の河村さんから「途中段階で相談しておけば、こういうことにはならないんだよ」と優しい指摘をいただき、「そうですね」と気づきましたが、上司を経験した今ではとても恥ずかしいことです。


当時の私のような部下は少なくないようで、私自身が上司になってからも、そのような部下はいました。この場合、原因を調べてみると、たいてい上司の側に責任があるケースがほとんどです。上司が部下を承認せず、いつも否定して、怒ってばかりいるのです。いつも否定ばかりされていると、「相談してもムダなのかな」と、部下も思ってしまうのです。

また、相手が怖い上司であれば、叱られないように必要以上に恐れを感じてしまう場合もあります。

相談に来られるタイミングをつくり、できた部分はほめる

確かに、上司の側からすると、部下が間違ったことをすると腹立だしく思うかもしれません。しかし否定して終わりだと、未来に向けて何のプラスにもなりません。

そのためにも、まずは部下を承認するように心がけ、そのまま否定しないことです。では、具体的にはどうしたらいいのか、お話ししていきましょう。

①全否定はせず、どこかの部分を認める

確かに、部下が相談に来た内容のレベルが低くて、イライラする場合があるかもしれません。しかし、「そんなことを聞いてくるな」など、全部を否定してはなりません。

できている部分は認めるようにしましょう。仮に、何もほめるレベルに達していないにしても、「相談に来たこと」「企画書を作成していること」「新しいことに挑戦しようとしていること」だけでも、まずは認めてあげるようにしてください。それには、承認の言葉

をかけることです。

②できるだけこまめに声がけする

このような部下を持つ上司は、たいてい何か聞かれても「自分で考えろ」「そんなのダメだ」と否定し、部下を遠ざけます。何か困ったことがないかなど、日頃から上司から部下のほうに歩み寄っていきましょう。

③プロジェクトなどでは、途中でチェックする段階をあらかじめつくっておく

部下にプロジェクトなどを任せる場合、「この段階まで来たら、一度見せてほしい」と話しておきます。その際も、「ここまでできたんだね」と、それまでの部下の努力を承認しながら、アドバイスするのがいいでしょう。

そうすれば、マイナスの承認をすることもないし、部下も正しい方向に向いた仕事をしてくれるでしょう。

7 後輩に当たり散らす部下

部下に偏りのある接し方をしない

私が営業マネージャーをしていた頃、後輩に当たり散らす石井君という部下がいました。石井君は分析が得意で、データに基づいて資料をつくるなど、上司から見ると非常に助かっていました。

ところが、困った一面がありました。彼はきちんとしていないとすまない性格のため、ちょっとだらしない後輩の水田君に対して、厳しく叱責しすぎるところがありました。先輩が後輩を注意することも、チームの活性化には必要なのですが、皆の前で怒鳴ったり、少しエスカレートしはじめたのです。こうなるとチームの雰囲気も悪くなるし、放っておくことはできません。

ナンバー2の部下である荒井さんも、一緒に石井君にアドバイスしますが、そう簡単に石井君は変わろうとしません。これは、チームのためにも石井君のためにも、絶対にやめさせなければなりません。

確かに、水田君はだらしがないところがあり、私も注意をすることが多々ありました。ただ、新規顧客の開拓は得意でした。

一方の石井君は真面目ですが、新規顧客が苦手で数字も苦戦していました。ちょうど社内では、新規開拓件数に力を入れていて、チーム内ではその話題ばかり出ていました。石井君は、水田君が数字を出しているのをいいことに挨拶をしないことが気に入らないようでした。

もちろん、水田君が挨拶しないことは叱らなければなりません。ただ、水田君を直すと同時に、石井君も直さなければなりません。そもそも、石井君は非常にプライドが高く、後輩に当たり散らすのは、自分の承認欲求が満たされないからという事情がありました。

この場合、まずは石井君の承認欲求を満たすようにします。確かに、私も最初の頃は資料をつくってくれていた石井君を評価していたものの、最近は新規顧客開拓のことばかりに頭が行っていました。

人は常々、承認されたいものです。何人も部下を抱えていると、つい接している部下に偏りが出てしまうのです。これはよくありません。定期的に面談を行なって雑談をし、声をかけるようにする必要があります。

お互いの認める点は認めて、直すところは直す

話は戻りますが、この場合、石井君と水田君の関係修復には、2人の中に入って話さなければなりません。

ある日、ミーティングの終わりに2人を呼び出しました。

「石井君にはプレゼン資料をつくってもらって、いつも助かっているよ」とねぎらいながら、「ただ、もう少し水田に優しくしてやれよ。俺が石井の部下であぁ言われたら、へこむな」と、Iメッセージで伝えるのです。

ここで大切なのはIメッセージです。YOUメッセージだと「事実」を指摘しているだけですが、Iメッセージは意見、欲求を伝えることができます。

ほめられた後の意見なら、石井君も承認欲求を満たされているので、受け入れやすいでしょう。もちろん、水田君にも石井君にきちんと挨拶するように注意します。

大事なのはその後です。2人に接点をつくるのです。そうでないと、気まずい雰囲気に戻ってしまいます。

意識的に、勉強会や会議のグループ討論に、彼ら2人と上司の3人で組むようにします。すると、お互いのカベも取り払われていきます。

成績優秀で存在感のある部下が、後輩にきつく当たるのはよくあることです。これは、上司が修正しなければなりません。

だからといって直接、成績優秀な部下を叱りつけるのも承認欲求を砕きます。常に両者の立場に立ったうえで、上司が間に入り、お互いの認める部分は認めて、改善点を指摘するのがいいでしょう。

8　いつも陰に隠れている部下

裏方の担当者にも感謝を伝える

営業や販売など、数字上の成果が見える職種と違って、業務など個人の成果が数字で表われにくいポジションの場合、やってくれて当たり前のように思ってしまい、空気のような存在として、あまり感謝の意を示さないことがあります。

しかも、そのようなポジションの人は我慢強い人が多く、あまり自分からは意見を積極的に出すことはありません。

したがって、仕事を頼む上司としても、そのような部下をほめることは少なく、逆にミスをしたら厳しく注意しがちです。部下からすると、報われないと感じるかもしれません。有能なアシスタントが、突然退職してしまうのも、報われないと感じるマイナスの承認が原因であることが少なくありません。

当たり前のことのように見えますが、「お疲れ様」「ありがとう」を口に出してきちんと伝え、たとえほめるところがなくても、Ｉメッセージで感謝の意を示すようにしましょう。「いつも、細かいところまで気づいてくれるから、本当に助かっているよ」など、ちょっとしたひと言でいいのです。これが、本人にとっては救いの言葉になるのです。

「縁の下の力持ち」の承認欲求を満たす

ここで、かつての私の部下だった営業アシスタント森山さんのエピソードをご紹介します。

あるとき、営業同行にアシスタントの森山さんを連れて行きました。彼女は、ほとんど外を回ることはありません。しかし、メールや電話でその取引先に報告書を送っていました。むしろ、その取引先とは、彼女がほぼルーティンのやり取りをしていました。

しかし、営業担当は浅井君です。浅井君は、この顧客への売上げを評価されますが、森山さんはほとんどされることはありません。

そこで、3人で同行した際に、森山さんをティーアップしたのです。ティーアップとは、第三者の前でその人を持ち上げてほめるやり方です。

「森山も、直接やりとりをしておりますので、今回ご挨拶させていただければと思って、本日は連れてまいりました。森山は正確なデータを作成しており、他のクライアント様からも非常に喜ばれておりますので、今後もお任せください」

森山さんは、普段ほとんどほめられたことはありません。それを、第三者を前に言われたのですから、喜びもひとしおだったでしょう。第三者の前でほめられると、それがお世辞であってもうれしさが倍増するものです。

いつも陰に隠れている縁の下の力持ち的な部下には、つい頼ってしまいがちです。どんなに我慢強そうな人でも、承認欲求を満たすような言葉をたまにはかけてあげないと、認められていないのではないか、と不安な気持ちになります。

また、このタイプの部下は発信型ではないので、ついこちらから怒ってしまい、報われない承認をしてしまいがちです。ですからマメに頑張りを認めてあげるようにしたいものです。

9 頑張っているが結果に結びつかない部下

「他人」を軸に評価しても解決することはない

かつての私の部下に、頑張っているもののなかなか成果の出ない小糸君という部下がいました。

小糸君は、誰よりも多く件数を回っているのに、なかなか成果を出すことができませんでした。日報を見ると、先月のチーム内での訪問件数は上位3人の中に入っています。同行した見込み顧客とのやりとりで、少しあっさりしている点が気にはなりましたが、そんなに悪い状態ではありませんでした。ただ、3ヶ月くらい、目標に対して未達成が続いていました。

一方、同期の富田君は目標を達成していました。リーダーとして未熟だった私は、小糸君に会うたびに、「小糸君、このままでは富田君に負けちゃうよ。今月も、富田君はすでに達成しているよ」と言っていました。

誰かと比較して本人の闘争心に火をつけることは、絶対にやめたほうがいいでしょう。

そもそも、他人と比較してもまったく解決にはつながりません。上司に認められていないな、と不安な気持ちを抱くだけだからです。

仕事の能力や出来不出来を、同僚や他の社員との比較に基づいて、ネガティブに評価され続けると、報われないと思うだけです。

私自身も、かつて上司に「市村君はきちんとできているのに、なぜ吉田君はできないの」と言われ、非常に戸惑ったことがあります。

この言い方をされると、評価の軸が「自分」ではなく「他人」になってしまい、挙句のはてには自分自身で考えられなくなってしまうのです。

長所よりも短所にばかり目が行ってしまい、自分のやっていることに本当に自信がなくなります。自分から何か行動を起こすのではなく、他人の動きを横目で見ながら、受動的に反応する行動パターンとなってしまいます。

こうならないためにも、管理職は各々の強みを見出すようにし、他人との比較をしないようにします。

他人との比較ではなく、かつての本人と比較するのです。要するに、**その部下の1年前、1ヶ月前の状態と比較する**のです。

たとえば、彼が毎月の目標である新規顧客の開拓が10件にははるかに達しない4件という成績だったとしても、前月が2件ならほめるべきなのです。

「先月より2件多く顧客が獲得できたね。何が要因かな」

同じように前より明らかによくなっている内容があれば、それを指摘します。

「前の会議で提出してもらった資料より、グラフが入っていて見やすくなったね」

など、何でもいいのです。

意識的に「ほめるところ」を探す

ただ、そうは言っても、なかなか変化なんて見つからないと言う方がいるかもしれません。そのような方は、部下を承認する部分をもっと意識的に探すようにしましょう。

意識すれば、「ほめる」ところも見つかるはずです。何もしないと、つい欠点に目が向いてしまいます。だから、ほめる部分が見つからないのです。

これは、最初の前提の差ではないでしょうか。私自身もそうでしたが、成績が伸び悩んでいる部下に対してはよく思っていないため、どうも指摘事項を探してしまいがちです。しかし、そこを我慢して、「承認しよう」と努力してみてください。承認する部分は必ず見つかるはずです。

たとえ、方向性を間違えて行動していても、全否定をしないことです。まずは、頑張って行動していることに対して感謝し、そのうえで方向性の修正を提案するようにしましょう。

10 理屈ばかりで行動に移せない部下

失敗を過度に恐れている

どこのチームにもよくいるのが評論家タイプです。この評論家タイプに苦労させられている上司も多いのではないでしょうか。そもそも、評論家タイプはなぜ理屈ばかりで行動に移せないのでしょうか。

失敗を恐れすぎる、自分をよく見せたがる、行動したことがない、の3つが要因として考えられます。

この場合、失敗を許容しない減点主義文化が部署内、チーム内に蔓延している恐れがあります。私のかつての上司は、失敗するとそれをノートにメモしていました。

そのノートは査定に使っていたようなのですが、その上司にはいい報告しか上がってくることはありませんでした。それでは、生きた情報が上がって来ないし、部下は減点されないように新しい仕事に挑戦しなくなります。

新しいことをしても、失敗したら怒られるだけで報われない、ならば、無難なことだけしておけばいい、とマイナスの承認が作用してしまうのです。

そうならないように、まずは**失敗を認める**ということを示すようにしましょう。

「承認する」文化に、失敗を許容する要素は必要です。そもそも、成功するために失敗は不可欠な要素です。それを否定して、守りに入ろうとするのはよくありません。また、失敗を暗に批判する者に対しては、厳しく叱るべきでしょう。

自分自信をよく見せたい

評論家タイプは、上司から認められていないことが多いものです。人の失敗を笑ったり、挑戦しようとする人を否定したり、代案もなく意見だけ出す人は、たいてい上司からはよく見られていないものです。

行動して実績を上げていれば別ですが、理屈が先にくる人は自分は博識だ、ロジカルで能力がある、と思わせたいのでしょう。

上司は、このタイプの部下の話をいったんは受け止め、「実現できるように一緒に考えてみようか」と話すようにします。そうすると、承認欲求が満たされます。その結果、その部下は行動せざるを得なくなるのです。

「つべこべ言わないで行動しろ」と、全部否定してはいけません。

行動したことがない

行動しないで理屈ばかりを語る人は、行動の仕方がわからないだけかもしれません。この場合、部下に任せずに、一緒に行動してみる、行動の仕方を教えるというのがいいでしょう。

もしかすると、任せてもらえなくて文句を言っているのかもしれません。あえてプロジェクトリーダーなど、非公式でもいいので、チームの皆から承認される役割を与えるのもいいでしょう。理屈ばかりを言う部下は承認欲求が強いものです。意外に積極的に活動するようになるかもしれません。

もし、その部下が口だけで行動が伴わないなら、上司が一緒に行動するようにして、強制的に行動を体験させるようにしましょう。決してマイナスになることはないでしょう。

11 年上の部下

年上の部下を最大限に活かす

年上の部下とのコミュニケーションに悩む人は少なくないでしょう。何せ、このテーマだけでも一冊の本にもなっているほどです。チームを自分の言うことを聞く年下のメンバーだけで揃える上司もいます。調子のよいときはそれでもいいのですが、逆境に陥ったとき、苦労するかもしれません。

私の経験で言うと、年上部下が助けになってくれることは多くあります。せっかくですから、年上部下を承認して、最大限の活躍をしてもらえるように導いていきましょう。

私が注意したのは、敬意を持って、相手を立てて、イエスアンド法で話す、の3点です。

敬意を持って接する

部下とはいえ、年長者に対しては敬意を持って接するようにしましょう。確かに仕事上は上司と部下ですが、人生の上では先輩です。私は今まで、3人の年下の上司に仕えたことがありますが、いつも「○○さん」と呼ばれていました。また私自身も、年上の部下に対しては必ず「○○さん」とさんづけで呼んでいました。

これだけでも、相手の「承認欲求」を満たすことになります。

些細なことでも相談して相手を立てる

相手は年上ですから、部下とはいえ相手を立てることも大切です。

私も、年上の部下で補佐役的な役割をはたしてくれた荒井さんには本当によく相談し、意見を求めました。荒井さんは私の見えないところや、目の届かないところで、若手や中堅の部下を指導してくれました。

私が上司になって間もない頃、10人の部下を見るのはたいへんなことでした。そんな中、ナンバー2的な役割に年上の方がいるのは最適でした。相談すればするだけ、相手の承認欲求も満たすことになるからです。

ただ、年上の部下とは言っても、そのような部下ばかりではありません。年上で経験があることから、こちらにプレッシャーをかけてくるような人もいます。

その場合は、「○○さんがこのセクションにいてくださるのは、本当に助かっています。でもぶっちゃけた話、プレッシャーでもあります」と自己開示してしまいましょう。

すると、部下も自分自身の承認欲求が満たされ、親しみを持ってくれるはずです。一番よくないのが、お互いにやりにくさを感じながら、腫れものにでも触るような接し方をすることです。こうしていると、自然に距離が生まれ、何かのきっかけでお互いに悪口を言いはじめる場合があります。

前にも書きましたが、「上司の自己開示」も部下の承認欲求を満たすポイントです。

要望や意見は、ほめてから伝える

ときには叱らなければならないこともありますが、年上の部下は「叱った時点」で承認欲求を砕かれ、反発してくる恐れがあります。

反発を恐れてはなりませんが、伝えた後の本気度を高めるためにも、最初にほめ言葉を伝えて承認欲求を満たしたほうが、改善意欲も高まるでしょう。それには、イエスアンド法を使うのが効果的です。

「Aさんのこれまでの活躍には、本当に感謝しています。私には真似ができないすばらしい業績です。ぜひ、さらなるキャリアアップをはかっていただければ、と思います」

このように言われると、部下も抵抗なく、むしろ意欲的に取り組んでくれるのではないでしょうか。最初に承認欲求を満たすことで、受け入れの土壌を滑らかにしておくのです。

年上の部下に対して、失敗してしまう接し方は「なめられないようにしよう」と、否定から入るやり方です。

そのようなコミュニケーションをとっている上司は、年上の部下が戦力となるどころか、抵抗勢力になってしまい、チームを分解させてしまうことさえあります。

とはいえ、このようにしても言う通りに動かない、反発分子になってチームに悪影響を与える部下もいます。そのような部下に対しては、厳しく接していくべきでしょう。

ただし、面倒かもしれませんが、その場合もいきなり叱りつけるのではなく、「ここは言わせてください」と人格を認めていないのではなく、その仕事、行動に対して言及するということを示すようにしましょう。

私は最初に部下を持ったとき、年上の部下から反発を受けました。そのときの部下から、「吉田さんは、人格まで否定するようなやり方で我慢できない」と言われたのです。

その経験も踏まえて、年上の部下に対する承認は絶対不可欠だと思い、そうしています。

他の部下に対しても承認は大切ですが、年上の部下にはとくに意識しましょう。大活躍をしてくれることも稀ではありません。

逆を言えば、年上の部下は承認欲求を満たしてさえいれば、厳しいことを言ってもついてきてくれます。参謀になって活躍してくれれば、鬼に金棒です。

12 突飛な意見ばかりを出してくる部下

アイデアが出るのは、仕事への意欲が高いから

突飛な意見を出してくる発明家タイプは「モチベーション」を大切にします。このタイプは否定されてしまうと、力が半減してしまいます。

まずは、意見を出してくれたことに対して感謝します。そのうえで、「一緒に考えよう」と言って一つひとつその内容を紐解いていくようにしましょう。

自分で「これはいける！」と思っていたアイデアを否定されると、そのことをバネに発奮するというより、モチベーションを落として行動が停滞してしまうのがこのタイプです。だから、なるべく否定的なメッセージは投げかけないほうがいいでしょう。せっかく思いついて提案してきたアイデアに対して、「効果はあるの」「かえって、邪魔になるんじゃないか」といった否定的な反応しか返ってこなければ、意見を出しても報われないとマイナスの承認が作用し、せっかくの意欲もしぼんでしまうことになります。

メンバーが、「こうしてみたい」とか「やったら面白そうかな」と考えるときは、仕事に対して意欲的になっています。結果はどうなるかわかりませんが、あえて挑戦してみようという意欲は削ぎ落さないようにしましょう。

上司は「やってみなさい」と後押しして承認しましょう。

アイデアを出したことを、まず承認する

ただ、どうしてもズレていたり、優先順位が低い場合は、提案してきたことを認め、ここを改善したらさらによくなると「イエスアンド法」を使って話すべきです。

この部分はやってみようか、この部分に関しては今は難しいけれど、時期が来たらやってみよう、と伝えるのです。

何かに挑戦する気持ちになったときに、「うまくいくかね」と全否定されることほど、ガッカリさせられることはありません。

水を差されたような気持ちになるからです。「うまくいくかどうか、そんなことはわからない。でも、やってみる気になったのだから、そのまま否定しなくてもいいではないか」と、あなたも部下の頃、思ったはずです。

もし、「応援するよ」とか「思い切ってやってみよう」と言ってくれる上司がいたらな

あ、と思わなかったでしょうか。あなた自信が、その理想の上司になればいいのです。

部下を承認しようという気持ちがあるなら、そのまま否定はしないはずです。確かに、突飛な意見ばかりが続くと、「何を考えているんだ」という気持ちになるかもしれません。そこをぐっとこらえてみてください。

まずは、意見を出してきたこと自体を承認します。そのうえで、一緒に考えるのです。「やってみたい」と言ってきた人間を、「どうせムリだよ」と突き放すよりは、一緒になってチャレンジしたほうがいいのではないでしょうか。そうすることで、チームのムードも高まってきます。

会議やミーティングで活発な意見が出てこないと嘆いている上司に限って、部下を「否定」していることが多いものです。

アイデアの欠点だけを指摘する上司、たとえば「コストを考えていない」とか「メンバーが足りないよ」「会社のイメージに合わない」「時間がない」といったマイナス面だけを強調してくる上司では、やはりみんな黙り込んでしまうでしょう。

どうせ意見を出しても報われない、とマイナスの承認を感じてしまうからです。

どんなアイデアも否定せず、いったんは受け止める

まずは、スタッフのどんな発言に対しても「うん、その着眼点はおもしろいね」「そうか。まったく気がつかなかったよ」といった短いほめ言葉を口にするのです。

そのうえで、「問題はコストだね」とか、「時間的にどうだろうか」といった課題を指摘すればいいのです。

その場合、課題であって、決してアイデアそのものが否定されたわけではないため、スタッフも自分の意見を発表しやすくなるのです。

どんなに小さな思いつきでも、まずはほめてもらうことができると、そこからアイデアがふくらんできます。あるいは、現実に即してアイデアが磨かれていきます。

どんなヒット商品でもプランでも、最初の小さな思いつきを潰さなかったから実ったのです。アイデアは否定せず、いったんは受け止めるようにしましょう。

6章 この章のまとめ

失敗した部下は責めずに、**起こった「こと」**に焦点を合わせる

はじめから**言われたことしかやらない部下はいない**

たとえ失敗しても、**挑戦したことを認める**

こまめに声かけし、相談しやすい雰囲気をつくる

揉めた部下同士には、問題解決の後も**接点を持たせる**

数字で評価されない**縁の下の力持ち**もマメに承認する

他人とではなく、**以前の本人**と比べて、伸びたところを見つける

アイデアが出るのは**意欲が高い**から。後押ししよう

おわりに

最後までお読みいただき、ありがとうございました。

「承認力」はいかがだったでしょうか？

「承認力」を身につける前の私は、仕事はもちろんプライベートでも、違うタイプの人に対してはいつもイライラしてばかりいました。自分が言いたいことを、うまく相手に伝えられなかったからです。また、初対面の人と話すことも、苦痛で仕方がありませんでした。しかし、人を承認するようになってからは変わりました。相手と、必要以上にぶつかることもなくなりました。また、相手が納得する伝え方ができるようになり、初対面の人とも上手く話せるようになりました。

「なかなか『承認』なんて簡単にはできないよ」とおっしゃる読者の方がいるかもしれません。そんなとき、私は次の言葉を言い聞かせていました。

「違うタイプの人がいるからこそいいのです。誰にでも輝く部分はあります。それをひとつだけでも意識して見つけましょう。そして、その部分を認めてあげましょう」

ただ、そうは言っても、なかなかすべての相手を承認することは難しいでしょう。まずは、あなたの一番身近な人を承認するところからはじめてみてはいかがでしょうか。無理のない範囲で少しずつでいいので、「承認」を取り入れていきましょう。

小さな積み重ねが結局、大きな変化を生み出します。継続は力なりです。

承認をきっかけに、あなたやあなたの周囲の方にすばらしい未来が訪れることを、心より願っています。

最後に、この本を書くにあたってお世話になった方々に、この場をお借りして感謝を申し上げます。

今回の出版のチャンスをいただいた同文舘出版の古市達彦編集長、素敵な本にしていただいた編集の石川優薫さん、宇都宮出版会議の主催者である「サトーカメラ」専務の佐藤勝人さん及びアドバイスをいただいたたくさんの方々、「約束の家」社長の馬込正幸さんを中心とした「アプルーバルプロジェクト」の皆さまにも、心より感謝申し上げます。

吉田幸弘

2013年1月

著者略歴

吉田幸弘（よしだ　ゆきひろ）

リフレッシュコミュニケーションズ代表
コミュニケーションデザイナー・承認アドバイザー・上司コーチ。

1970年東京都生まれ。成城大学を卒業後、大手旅行代理店を経て学校法人、外資系専門商社、広告代理店の3社にて管理職を経験。

外資系専門商社時代、降格人事・年収ダウンを味わいながら、コミュニケーション術を学び、「部下を承認するマネジメント」により、若手の離職率を10分の1とする。売上も前年比120%を続け、3年連続MVPに選ばれる。

その後、コーチングなどを学び、社内外でトレーナーとして活動し、2011年1月に独立。

「コミュニケーションを変えればチームは変わる、自分も周囲も変わる」をモットーに、エリートではない痛みのわかるコーチとして活躍。

現在経営者・中間管理職向けに、コミュニケーション術・マネジメント術を伝えている。

ビジネス書が好きで、年間500冊以上を読破する。

e-mail：77@yosi0312.sakura.ne.jp
公式ブログURL：http://ameblo.jp/arrows77/
公式メールマガジン：https://1lejend.com/stepmail/kd.php?no=127434

部下を育てる「承認力」を身につける本

平成25年2月7日　初版発行

著　　者 ―――― 吉田　幸弘
発 行 者 ―――― 中島　治久
発 行 所 ―――― 同文舘出版株式会社
東京都千代田区神田神保町1-41　〒101-0051
営業03（3294）1801　編集03（3294）1802
振替001000-8-42935　http://www.dobunkan.co.jp

ISBN978-4-495-52021-2

印刷／製本：三美印刷
Printed in Japan 2013